Cuando
el embarazo
termina
en pérdida

Cuando el embarazo termina en pérdida

Nuestras historias

Recopilado por:
Rachel Faldet y Karen Fitton

Fairview Press
Minneapolis
U. S. A.

Publicado por Fairview Press, 2450 Riverside Avenue, Minneapolis, MN 55454

Library of Congress Cataloging-in-Publication Data
Cuando el embarazo termina en pérdida: nuestras historias / recopilado por Rachel Faldet y Karen Fitton. – 1a ed.
      p. cm.
    Includes bibliographical references.
    ISBN 1-57749-132-7 (trade paperback : alk. paper)
    1. Miscarriage–Psychological aspects. I. Faldet, Rachel, 1956–
II. Fitton, Karen, 1949– III. Title.
RG648.O8418 2003
618.3'92'019–dc21

                                             2003002491

Primera Edición
Primera impresión: Abril de 2003
Impreso en los Estados Unidos de América
07 06 05 04 03   7 6 5 4 3 2 1

Arte de la portada: David Faldet
Diseño de la portada: Rich Rossiter
Traducción al Español cortesía de Mayra R. Bonilla
Revisado por Carlos Bonilla, Norma Escobar y Mónica Tesone
Edición y trazado en Español por Edgar Rojas

Nota de la editorial: Las publicaciones de Fairview Press, incluyendo *Cuando el embarazo termina en pérdida*, no reflejan necesariamente la filosofía del Fairview Health Services o sus programas de tratamientos.

Para recibir un catálogo gratis, llame libre de cargos al +1-800-544-8207, o visítenos en el Internet: www.fairviewpress.org.

Reconocimiento a obras previamente publicadas:
"Pipik", por Susan J. Berkson, publicado en *Minnesota Women's Press*, enero 25 de 1995; reimpreso con permiso de Susan J. Berkson y *Minnesota Women's Press*.
Fragmentos de "Branden y Kevin", por LaDawna Lawton, publicado en *Sacramento Baby Resource Guide* (1994); reimpreso con permiso de LaDawna Lawton y *Sacramento Baby Resource Guide*.
"Segundo bebé, tal vez", por Jorie Miller, publicado en *Rag Mag* 13, número 1; reimpreso con permiso de Jorie Miller y *Rag Mag*.
"Ceremonial para un aborto espontáneo", por Kelly Winters, publicado en *Iowa Woman*, verano de 1994; reimpreso con permiso de Kelly Winters y *Iowa Woman*.

A David y Robert

Contenido

Prólogo

Fran Rybarik, R.N., M.P.H.

Es un gran honor ser parte de esta gran antología de historias sobre abortos espontáneos. La primera vez que Karen Fitton y Rachel Faldet me hablaron sobre su idea de este libro y me pidieron que les ayudara a comunicarme con padres y madres que hubieran experimentado la pérdida de un bebé, sentí su entusiasmo y compartí su visión.

Como directora de los Servicios de Duelo/RTS (por sus anteriores siglas en inglés, Resolve Through Sharing —Resolver al Compartir—), trabajo por lo general con profesionales de la salud. Más de once mil individuos de muchas disciplinas en el área de la salud han completado el adiestramiento de RTS en su deseo de mejorar el cuidado prestado a las familias que experimentan pérdidas durante el embarazo y las etapas perinatales.

Compartiendo la visión de Karen y Rachel, hablé con profesionales y padres en duelo que compartían sus historias relacionadas con sus abortos, acerca de la oportunidad de ser parte de esta obra. Pedí a Rachel y Karen que me proveyeran notas describiendo su proyecto para ser presentadas en una conferencia internacional sobre el luto que RTS auspiciaría en Chicago, Illinois, en el otoño de 1995. Me preguntaba cómo saldría todo. Ahora el libro es una realidad y estoy orgullosa de ser parte de él —como un par de puntadas alrededor del borde de un hermoso edredón—.

Muchos padres que han experimentado la pérdida de un bebé se comunican con nuestra oficina. Muchas veces buscan razones por las cuales sucedió el aborto; se sienten solos y aislados; se preguntan si sus sueños en la noche y sus sentimientos en el día significan que se están volviendo locos; sienten el dolor en forma diferente a su pareja u otros miembros de la familia, y se preguntan cuánto tiempo más durará este profundo dolor. Buscan una conexión con otros que han tenido experiencias similares —clínica, personal y emocional—. Compartir sentimientos y pensamientos acerca de un aborto y el luto muchas veces ayuda a superar la adversidad.

Cuando un embarazo termina con una pérdida, es una crisis dentro de una crisis. El ser humano en su totalidad es afectado —física, emocional, social y espiritualmente—.

Los cambios hormonales a comienzos del embarazo requieren que el cuerpo consuma mucha energía para adaptarse al nuevo estado de equilibrio físico. Con el aborto, el cuerpo necesita aun más energía para reajustar los niveles hormonales nuevamente. Hay efectos emocionales al adaptarse a la idea del embarazo, y al prepararse para ser padres por primera o una vez más. De repente todo termina. Surgen muchas preguntas: "¿Por qué a mí? ¿Por qué mi bebé? ¿Qué hice mal?"

Para los padres que han perdido un hijo bajo estas circunstancias, puede ser difícil asistir a reuniones familiares u otros eventos sociales, especialmente si otros miembros de la familia o amigos esperan un bebé. Puede ser devastador ir a la tienda de comestibles o ver bebés y mujeres embarazadas. La sensación de soledad o aislamiento podría ser muy profunda.

A menudo el aborto también trae consigo una crisis espiritual. Las creencias arraigadas, repentinamente son cuestionadas. Se supone que los bebés no deben morir; todas las demás mujeres quedan embarazadas y tienen bebés; así no debería ser la vida. Todo lo que una persona cree acerca de la vida y el amor se siente amenazado.

Los escritos en *Cuando el embarazo termina en pérdida* identifican y aclaran muchas de estas consecuencias primarias y secundarias. Los ensayos, artículos de revistas y poemas validan investigaciones que muestran que más del setenta por ciento de las mujeres perciben sus abortos como la pérdida de un bebé. Ya sea que los padres perciban el aborto de igual manera, también hay pérdidas secundarias que se deben considerar.

Los padres enfrentarán la pérdida de control (especialmente si la causa del aborto sigue siendo desconocida), tal vez la pérdida de procreación o fertilidad, y la pérdida de esperanza para el bebé y ellos mismos. Algunos pueden lamentar la oportunidad perdida de convertirse en padres y la experiencia perdida de una etapa del desarrollo adulto —descrita por la colaboradora Jean Streufert Patrick en su ensayo "uniéndose a la liga de mujeres"—.

El aborto es un suceso traumático que los padres sin consuelo nunca olvidarán por completo. Los padres afectados deben seguir el viaje de la pena y trabajar enormemente para integrar esta experiencia y esta pérdida en sus vidas. Algunas personas lo hacen de forma creativa, por ejemplo escribiendo, y con ello encuentran mucho alivio.

Cuando el embarazo termina en pérdida tocará su corazón. El libro es una colección única de pensamientos y sentimientos de quienes han experimentado abortos. Brinda una conexión emocional muy necesaria para padres afligidos. A través de sus poderosas historias, también da un sentido de comprensión para la familia, amigos y profesionales que buscan formas de apoyar a quien es víctima del dolor después de un aborto.

Las voces de padres desolados hablan de su dolor y fuerza, enojo y temor, alivio y esperanza. Los colaboradores de este edredón literario, comparten los recuerdos de sus embarazos e hijos no nacidos. Sus experiencias nos ayudan a entender la amplia variedad de respuestas a la pena producida por la temprana pérdida de un embarazo. Recordando y escribiendo, pueden vivir y crecer a través de la vivencia parental y duelo llamada

RECONOCIMIENTOS

La creación de esta obra ha sido como tejer un edredón: muchas manos y corazones contribuyeron para la creación final.

Como los edredones que muchas veces se les regalaba a las mujeres del siglo XIX cuando dejaban el seno familiar en busca de nuevos horizontes, este edredón de palabras fue creado con una razón especial. Como aquellos edredones, cuyos bloques de retazos de calicó, aplicaciones de flores o sedas bordadas eran muchas veces inscritas con palabras de recordación, este libro tiene como propósito ser una herramienta de consuelo y esperanza.

Las contribuciones han venido de personas cercanas y lejanas, en su mayoría desconocidas entre sí, y en un comienzo, muchas veces desconocidas para nosotras también. Algunas partes, como sus escritos, son brillantemente visibles. Otras, como el buen consejo, han sido tejidas sutilmente con hilo invisible.

A todas aquellas costureras que han creado la obra final, tenemos mucho que agradecer.

Nuestra gratitud para aquellos voceros que comunicaron nuestro deseo de colectar información sobre personas que habían sido víctimas de esta tragedia. A quienes tuvieron el valor de compartir sus dolorosas experiencias y presentar sus ideas mientras dábamos forma al manuscrito. A aquéllos que cuidaron a nuestros hijos mientras trabajábamos; a quienes manifestaron interés por esta obra; a quienes nos colaboraron en la parte técnica; a aquéllos que nos dieron guías prácticas en el mundo de los libros, y aquéllos que llevaron nuestro trabajo a la imprenta.

En especial, agradecemos a los contribuyentes. Sus escritos son los bloques del edredón, los diversos géneros de pena compartida y calor humano.

Agradecemos a Paul Andersen, Sarah Andersen, Kathi Appelt, Nancy Barry, Judy Boese, Susanna Bullock, David Faldet, Robert Fitton, Cathi Lammert, Elizabeth Levang, Deborah Lischwe, Karen Murphy, Audrey Osofsky, Beth Hoven Rotto, Fran Rybarik, Robert Schultz, Timothy Twito y Mary Jane White. Sus puntadas ayudaron a poner en su lugar los bloques del edredón y nos guiaron a encontrar el camino hacia la meta final.

Agradecemos a la Facultad de Desarrollo y al Comité de Investigación del Luther College, que contribuyeron con una parte de la ayuda económica para el proyecto. Ellos entendieron que los colcheros necesitan dinero para adquirir sus materiales.

Y por último, agradecemos a Julie Smith, Lane Stiles y Ed Wedman de Fairview Press por ponerle el anillado a nuestro edredón de palabras y enviarlo al mundo por doquier.

Nota de la traductora

Mayra R. Bonilla

Esta historia comenzó en Ft. Lauderdale, Florida, en Estados Unidos, cuando dos muy queridas amigas mías perdieron sus bebés. En aquél momento solo la versión en inglés, *Our Stories of Miscarriage*, estaba disponible a través de La Leche League International. Cuando en julio de 2001 me tocó mi turno de unirme a "las filas de mujeres", saqué mi copia del armario y comencé a leerlo. Lo leí en una semana. Me bebí sus historias y di gracias a Dios por tenerlo a la mano.

Fue entonces que comencé a hablar con otras mujeres que también habían perdido sus bebés y vi la necesidad de traducir este libro del inglés al español. Hablé con los publicadores y editores y decidimos realizar este proyecto. Lane Stiles y Rachel Faldet han sido de mucho apoyo durante todo el tiempo que nos hemos comunicado ultimando detalles y coordinando esta traducción.

En la edición en inglés se definió aborto espontáneo hasta la semana veinte del embarazo. En la versión en español hemos incorporado trabajos escritos por iberoamericanas que en algunos casos perdieron sus bebés pasadas las veinte semanas. Es bueno señalar que cuando usamos la palabra aborto queremos decir aborto espontáneo o pérdida del bebé.

Al escribir mi carta a Fermín o Minín todavía no estaba segura si sabría quién era antes de llegar al cielo. Semanas más tarde mi nuevo ginecólogo me confirmó, leyendo el informe citogenético que todavía conservo, que mi bebé iba a ser una niña. Pero, al presentar un complemento cromosómico triploide, además de un cromosoma 16 adicional, su vida se vio tronchada. Si Minín Rut no hubiera muerto, tal vez no existiría esta traducción; si hubiera nacido, Minín Rut tal vez habría formado parte de la "liga de mujeres" en algún momento de su vida de mujer.

Es nuestra intención que este "edredón de palabras" pueda servir de bálsamo a tantas personas que como Rachel, Karen, los contribuyentes y la que suscribe, hemos vivido la incomparable experiencia de perder un hijo.

Chillán, Chile
Miércoles, 31 de julio de 2002

Introducción

Rachel Faldet

Es tarde en la noche, casi la medianoche, y mis dos hijas están durmiendo. Puedo oir la respiración fuerte de Elizabeth causada por algún sueño del que seguramente no se acordará en la mañana. Ella tiene nueve años. No oigo a Pearl aunque su cuna está muy cerca. Conozco los ritmos de su noche y no me llamará hasta el amanecer. Ella tiene dos años. Tuve dos abortos espontáneos después que Elizabeth nació y ya casi había perdido las esperanzas de tener otro bebé.

Ya casi había perdido la esperanza porque no podía siquiera pensar en la posibilidad de perder otro bebé. Tener un aborto espontáneo un año, y otro al año siguiente, me entristecía constantemente, aunque continué con mi vida pública, haciendo lo que siempre hacía —enseñando, escribiendo, siendo una escritora y editora independiente, y cuidando a Elizabeth—. Sólo lloraba en casa, deseando ser una vez más la madre de una criatura viviente.

Mi primera pérdida a finales de mayo de 1991 no me sorprendió. Sangré desde el principio y eso no me parecía normal, ya que no lo había hecho durante el embarazo de Elizabeth. Deseaba que el embarazo continuara, pero a la vez deseaba que terminara, pues el sangrado parecía una señal de un bebé que nunca podría ser normal. Una ecografía a las diez semanas demostró que mi bebé había muerto hacia dos semanas. Junto con mi doctor decidimos que debía tener una dilatación y curetaje (D&C).

Recuerdo haber sido llevada en silla de ruedas hasta la sala de operaciones y también mi llanto incontrolable al llegar allí. Hacía una semana que sabía que el bebé había muerto, pero una parte de mí deseaba que el doctor me dijera que estaba vivo. Le tenía miedo al D&C, aunque sabía que tenía que pasar por el proceso. Mi esposo y yo habíamos planeado un viaje en junio para visitar a unos amigos en los lugares que habíamos vivido en Idaho y Washington. No podía esperar a que mi cuerpo abortara espontáneamente al bebé porque planeábamos salir en unos días y necesitaba empezar a sanar.

Después del D&C me llevaron a un cuarto para pacientes ambulatorios con tan solo una cortina protegiéndome de las otras personas que se recuperaban de sus procedimientos quirúrgicos. Trataba de no llorar porque no quería que nadie me escuchara, pero no pude evitarlo. Lloré y traté de dormir por unas ocho horas y luego me fui a casa. Lloré y dormí por tres días. Después de esto, David, Elizabeth y yo nos fuimos a Iowa durante un mes. Nunca se lo conté a mis amigos de Decorah sobre mi pérdida y le dije a muy pocos en la familia. No quería pensar en ello; no quería enfrentarlo. Como sólo mis padres y los de David sabían de mi embarazo, era difícil hablar de la pérdida de mi bebé a menos que yo misma lo mencionara. Ni siquiera le dije a muchos de mis amigos, aquéllos por quienes habíamos atravesado medio país con el fin de visitarlos.

Cuando quedé embarazada una vez más —en noviembre de ese mismo año— tuve temor de llegar a tener otro aborto espontáneo. Me sentía desafortunada, aunque no estaba teniendo sangrados o manchas como en el embarazo anterior. Aunque intenté mantenerme calmada, enterrando mis emociones, me sorprendí cuando empecé a sangrar a las 12 semanas. Hasta ese momento todo parecía bien . . .

Estaba hablando por teléfono con un hombre a quien no conocía. Él obtuvo nuestros nombres de alguien en un remate donde habíamos comprado un antiguo guardarropas y quería comprárnoslo. Mientras le decía que no estaba a la venta, sentí un gran chorro de sangre tibia y pensé que me desmayaría. Colgué el teléfono. El cuarto se sentía como si estuviera lleno de luces parpadeantes. Fui al baño y vi la sangre. Grité y corrí al teléfono para llamar a mi madre. Ella ni siquiera sabía que estaba embarazada. Me fui a la cama, lloré y me quedé dormida. Mientras estaba despierta, toda mi existencia parecía borrosa, como si estuviera observando abajo un cuerpo enroscado cubierto de edredones. Mi madre y mi primo se turnaron para cuidarme ese día.

Esta vez no tenía dónde ir —no había amigos que visitar en el Oeste— así que el doctor pensó que debía esperar que mi cuerpo expulsara al bebé. Esperé dos semanas, sin querer salir de la casa en caso de que la sangre saliera de mí a borbotones. Trataba de parecer normal y me alegraba que sólo estuviera enseñando una clase que se reunía una vez por semana. David dirigió la clase por mí. Finalmente, llegó la sangre y con ella una peligrosa hemorragia. Tuve que ir al hospital a media noche para un D&C de emergencia.

Esta vez, en febrero de 1992, no pude ocultar el hecho de que algo traumático había sucedido. Lloraba durante horas y horas. No quise salir de la cama para hacer nada por casi una semana. No tenía interés en mi vida diaria. No confiaba en mí misma como para salir en público pues temía llorar sin motivo aparente. Hecha un guiñapo, no quería —ni podía— poner una fachada de felicidad y normalidad. Era la madre de dos niños muertos.

Así se lo dije a unos cuantos. Escribí cartas desde la cama a mis buenos amigos de Decorah y alrededor del país. Se lo conté a Elizabeth. Ella tenía cinco años y sabía que había ido al hospital en medio de la noche. Tenía miedo de que yo muriera. Les dijo a sus maestros de preescolar, a la bibliotecaria de los niños en la biblioteca pública y a nuestros vecinos. "Mami tuvo un bebé muy pequeñito que murió," era lo que ella decía. "Ella ha tenido dos bebés pequeñitos que han muerto. Pero yo no morí".

Estaba dolida por la pérdida de mis dos bebés. En los siguientes meses lloré sin cesar. Podía estar cocinando y me echaba a llorar. Veía a una mujer embarazada en la calle y tenía que aguantarme las lágrimas. No podía hablarle a una amiga de Decorah que estaba embarazada porque al verla me hacía sentir más triste. Y me sentía culpable por estos sentimientos, pues mis emociones estaban tan enredadas que ni siquiera le podía explicar a ella el por qué de mi silencio. A medida que progresó su embarazo, me volví más callada. Su bebé nacería la misma segunda semana de septiembre en la que mi segundo bebé hubiera nacido. Mi hermana en Atlanta, Georgia, había tenido a su bebé el mismo mes y año que mi primer bebé. Estas dos niñas, Sophie y Kate, eran recordatorios de los dos bebés que había perdido.

Mi dolor lo vivía en soledad. Los abortos espontáneos ocurren en un veinte por ciento de los embarazos, pero eso sólo me daba un sentido abstracto de consuelo. Por el momento era sólo una estadística a la que le podía añadir dos nombres más. ¿Dónde estaban todas estas mujeres que habían perdido sus bebés? ¿Qué había pasado con ellas y cómo habían logrado sobrevivir? ¿Se habrían sentido vacías, como yo, como si fueran fantasmas de ellas mismas mirando al mundo con muy poco entusiasmo? A menudo parecía que era la única persona en el mundo tratando de sobrevivir los sentimientos ajenos y conflictivos de la pérdida y el dolor. Una silenciosa y solitaria tristeza me acompañaba sin importar lo que hiciera —trabajando con mis estudiantes, yendo al cine con David, o aun ocupándome de Elizabeth—. Aunque mi familia y mis amigos cercanos sabían que había perdido dos bebés, sentía más dolor y tristeza que lo que cualquiera, excepto David y tal vez mi doctor, podían imaginar.

Leí todos los libros que encontré sobre abortos espontáneos, resistí la gentil sugerencia de mi doctor de que tal vez necesitaba participar por algún tiempo en un grupo de apoyo, y me sentí deprimida. Escribía mis pensamientos cuando no podía dormir de noche y durante el día cuando me ahogaba la tristeza. Escribir me producía un gran alivio pues estaba consiguiendo entremezclar bien mi vida profesional —trabajar con las palabras— con mi tristeza personal. Guardaba mis escritos en una canasta de paja en mi escritorio y los releía de vez en cuando por las noches. No eran para ningún otro par de ojos. Sin embargo, según escribí esporádicamente con el transcurrir de los meses, estaba sanando y regresando a mí misma. Eventualmente escribí el ensayo *Las piedras de los niños* donde enfrenté mis emociones en una forma más pública, sintiendo algo de control sobre esta incontrolable experiencia del aborto. Había luchado con mis pérdidas y tenía algo para mostrar de ellas.

Después que escribí ese ensayo, decidí usar mis intereses en escribir y redactar, como una forma de respuesta pública a mis pérdidas. En las lecturas durante las semanas y meses posteriores a mi segunda pérdida, esperaba encontrar no sólo discusiones médicas o psicológicas sobre el aborto, y entrevistas con madres y padres que habían perdido a sus bebés. Ansiaba conexiones emocionales: las voces de gente del diario vivir escribiendo y respondiendo acerca de sus abortos. Deseaba oír un coro de voces narrando sus historias desde su experiencia personal, pero esas voces todavía no habían sido agrupadas en un libro.

Quería escuchar a alguien como Amy Desherlia hablar sobre cómo ser madre aunque no tuviera un "hijo vivo a quien ver o tocar". Quería oír a alguien como Deborah L. Cooper hablar sobre su trabajo en el jardín donde "la fortaleza, el vigor, y el esfuerzo asociado con la crianza de los hijos, han sido forjadas a través de mis dedos en la tierra". Quería oír a alguien como Altha Edgren hablar sobre "ir más allá del dolor para encontrar una paz cerrada al consolar a otra hermana en sufrimiento". Las voces de esas mujeres me hubieran ayudado a trabajar con mi dolor. Decidí usar mi escrito como el punto de arranque para una colección de escritos —ensayos, selecciones de diarios, y poemas— sobre la pérdida de un bebé.

Comenté mi idea a varios amigos, y mientras más hablaba de ello, más me daba cuenta de que necesitaba compañía para llevarlo a cabo. El proyecto tomaría mucho tiempo y tal vez sería muy entristecedor, pero llenaría un vacío en mi vida y, más importante aún, llenaría un vacío en las mujeres que lo leyeran. Una mañana le conté a mi amiga, Karen Fitton, sobre mi idea y ella dijo: "Siempre he querido trabajar en un libro. Te ayudaré". Ella había tenido un aborto antes de que sus dos hijos vivos hubieran nacido y todavía pensaba en el bebé que perdió.

Así comenzó nuestra colaboración. Juntas escogeríamos las piezas, yo haría la mayoría de la edición y Karen haría la mayor parte del trabajo administrativo y de computación. Aunque las fechas límites para considerar la pérdida o un aborto varían, definimos aborto espontáneo como la pérdida dentro de las primeras veinte semanas del embarazo. Ese es el límite que la mayoría utiliza para diferenciar un aborto de un parto de un bebé muerto. Empezamos a reunir escritos solicitando material a través de anuncios en revistas, en notas sobre fallecimientos, avisos en clínicas de mujeres y de boca en boca. Y los escritos comenzaron a llegarnos al correo.

Al leer esos ensayos, fragmentos de diarios y poemas, escuchamos el eco de un corazón dolido por no tener a un bebé a quien sostener y cuidar; el dolor abrumador que los esposos casi no podían entender; y la devastación por estar embarazada un día y perder a tu hijo al día siguiente. Escuchamos de mujeres que fueron tratadas en forma extraña. Escuchamos de mujeres que hablaban de una hermandad del ss fúnebres, avisos en clínicas de mujeres y de boca en boca. Y los escritos comenzaron a llegarnos al correo.

Al leer esos ensayos y escritos, escuchamos el eco de un corazón dolido por no tener a un bebé a quien sostener y cuidar, el dolor abrumador que los padres casi no podían entender, y la devastación de estar embarazada un día y perder el bebé al día siguiente. Oímos sobre mujeres que habían sido tratadas en forma injusta. Mujeres que hablaban sobre una hermandad en sufrimiento. Amigos nuestros que nunca habían mencionado la pérdida de un bebé, hablaron de sus tragedias que vivieron con intensidad y compasión. A través de los escritos, muchas mujeres, y algunos hombres, confrontaron sentimientos y complejos de pérdida y dolor en una sociedad que a menudo no reconoce el aborto como muerte.

Algunos escribieron porque se enteraron de que estábamos trabajando en el libro, y esto los animó a darle una imagen de amor a su tragedia: un tributo al bebé que perdieron. Otros tenían pedazos de escritos anteriores y nos los ofrecieron como una forma de ayudar a otros que sufrían. Muchos nos dijeron que cuando su necesidad era mayor, no pudieron encontrar una colección de voces como la que nosotras estábamos reuniendo y nos animaron en nuestro trabajo. Y muchos nos agradecieron por darles la oportunidad de escribir sobre sus pérdidas; el acto de escribir era importante en su proceso de sanación, aunque no pudiéramos incluir sus escritos.

Durante esos primeros meses de trabajo en el libro, tuve que tomar la difícil decisión de si debía quedar embarazada otra vez. Rodeada de las palabras de otros que habían perdido a sus bebés, habiendo escrito un ensayo que ponía cierto sentido de conclusión a mis dos abortos, y con el pasar del tiempo, ya estaba saliendo de mi luto solitario y privado. Casi no lloraba. Podía hablar con amigas embarazadas sin profundos sentimientos de tristeza. Mi interés por la vida cotidiana había regresado, y frecuentaba amigos con gran entusiasmo y optimismo. Tal vez otra pérdida podría quebrantar aún más mi espíritu, destruyendo el equilibrio que había conseguido hasta ese momento. David, sin embargo, no quería perder la esperanza de tener otro bebé. Decidimos intentarlo una vez más. Mi doctor hizo arreglos con un especialista para tal vez averiguar la causa de mis pérdidas y recibir consejo en qué, si algo, podía hacerse para tratar de salvar un futuro embarazo.

Después de seis meses de tratamiento con progesterona, algunos meses de incertidumbre pensándolo una y otra vez si debía seguir intentándolo, y una serie de tratamientos con medicamentos de fertilidad, quedé embarazada nuevamente. En un par de semanas volví a sangrar. Estaba segura que el bebé había muerto, pero una ecografía demostró que seguía vivo. El especialista me recetó unas pastillas de progesterona que debía tomar hasta las 10 semanas. Un nivel bajo de la hormona progesterona luego de la concepción parecía ser la causa de las pérdidas de mis embarazos.

Una semana más tarde tuve más sangrado. Nuevamente, el bebé estaba vivo. Mantuve controlada mis emociones pues sentía que la siguiente ecografía mostraría un bebé sin movimiento y sin latido del corazón; muy pronto tendría un corazón roto.

En junio de 1993 cuando estaba en las diez semanas, David, Elizabeth y yo abordamos un avión en Chicago y dejamos los Estados Unidos por un año para vivir en Inglaterra. David y yo dirigíamos un programa de estudios en el exterior para nuestra universidad. Sangré varios días antes de la salida. Estaba aterrorizada con la idea de perder el bebé en el avión. Por eso pasé el transcurso del viaje haciendo planes por si algo así sucedía. Pero nada aconteció y aterrizamos en Nottingham cansados y aliviados.

Muy pronto, sin embargo, tuve otro sangrado. Mis matronas —cada mujer embarazada en Inglaterra es cuidada por un equipo de matronas de la comunidad— me pusieron en cama durante el mes de julio. Leí libros sobre la familia real británica y me preparé para oír noticias tristes de mi embarazo. Evité usar ropa de maternidad hasta que no tuviera otra alternativa. No quería hacer arreglos para conseguir ropa de bebé y todo lo necesario. El bebé estaba creciendo y aumentando en peso, pero no quería siquiera hablar con las matronas sobre procedimientos de parto porque casi no podía creer que el bebé viviría para nacer. Controlaba mis emociones. Puse a un lado el trabajo en el libro sobre pérdidas de bebés durante casi un año por temor a que el intenso trabajo con palabras sobre aborto pudieran malograr mi embarazo.

A pesar de numerosos sangrados durante los primeros cinco meses, esta historia de embarazo concluyó con un bebé vivo —un bebé que casi no me permitía a mí misma desear, una hija nacida con un mes de anticipación y llamada Pearl en honor a mi abuela—. Aunque no podían aportar ninguna evidencia científica que apoyara la idea de que el descanso en cama puede salvar un embarazo, mis matronas creían que eso había salvado a Pearl. Sé que un bebé saludable no será el final para todas, pero sé que muchas mujeres, incluyendo las contribuyentes LaDawna Lawton y Dylan Ann

Treall, tuvieron embarazos exitosos después de sus pérdidas. Si hubiéramos tenido un tercer aborto, sin embargo, no lo hubiéramos intentado nuevamente. Mi corazón no hubiera soportado más muertes prematuras. Hubiera tenido que aceptar la realidad de seguir siendo la madre de una hija única.

A fines de junio de 1994, cuando David, Elizabeth, Pearl y yo regresamos a Iowa, estaba lista para retomar el trabajo del libro. Karen y yo teníamos una visión fuerte de lo que queríamos que esta colección fuera y reunimos más escritos, editándolos cuando era necesario para que mantuvieran la forma del libro. Queríamos una obra que se pudiera leer de tapa a tapa o una página a la vez, deteniéndose en los fragmentos que más les hablaran a su situación o emociones. Estos escritos no están ordenados por género, sino por una hebra que los entrelaza unos con otros. Cada uno puede leerse por separado, pero todos hablan sobre el aborto. Las palabras dan nombres e historias reales a las estadísticas de "uno de cada cinco".

Este no es un libro médico o una guía sobre cómo confrontar las etapas del duelo. Ya existen muy buenos libros al respecto en las bibliotecas públicas, en librerías y en los hospitales y clínicas. *Cuando el embarazo termina en pérdida,* es un enfoque literario y creativo al aborto: las voces del diario vivir que hablan y responden a sus pérdidas. Algunos escritos, como "Mi segundo bebé" por Sarah Entenmann y "El sonajero" por Dianne H. Kobberdahl, son descripciones narrativas reales de las circunstancias del embarazo y el aborto; otros, como "Ceremonial para un aborto espontáneo" por Kelly Winters y "Amamantando al no nacido" por Deborah Vaughan, son reflexiones en formas más creativas. Algunos contribuyentes son escritores experimentados; algunos son escritores novatos. Algunos escriben sobre pérdidas recientes mientras otros escriben sobre pérdidas que experimentaron hace años. Todos escriben desde su dolor y desde su sanidad.

Karen y yo hemos colaborado en este libro durante casi cuatro años. Mientras trabajábamos a altas horas de la noche cuando nuestros hijos se habían ido a dormir, nunca abandonamos nuestro sueño por estas palabras que nos habían encomendado con tanto amor. Creemos que esta colección de voces del diario vivir ayudarán a consolar y brindar esperanza a aquéllos que están sufriendo la pérdida de su bebé. Es un libro que nos hubiera gustado leer, pero no lo encontramos, en aquellas semanas y meses solitarios y devastadores posteriores a nuestros abortos. En conclusión, nuestro más grande anhelo es que en la compañía de otras madres y otros padres que han perdido sus hijos, algunos lectores encontrarán la fortaleza para escribir sus propias historias como un paso más en el camino de su proceso de recuperación.

Decorah, Iowa
Miércoles, 31 de enero de 1996

Nuestras historias

Retoño en la tierra

Jean Streufert Patrick

Recuerdo estar parada cerca de los tulipanes en la Universidad del Estado de Kansas, con una mochila en mis hombros llena de libros pesados como las piedras.

Karen, otra estudiante de post-grado, mecía su cochecito de bebé una y otra vez. Su bebé pelinegro babeaba.

"Así que, ¿qué tal es esto de ser mamá?" Esperaba oir sobre noches de desvelo y pañales hediondos.

"Te unes a la liga de mujeres". Debo haber puesto cara de confundida. Así que ella añadió: "Tú sabes. Te unes a las filas".

No, yo no sabía. En lo que a mí concernía, me uní a las filas de las mujeres cuando me compré un sostén, crecieron vellos en las axilas y tuve mi primera menstruación en la adolescencia.

No pensé más en Karen y su misteriosa liga de mujeres hasta que nos mudamos a Dakota del Sur. Las comidas en la iglesia reemplazaron las fiestas de la universidad, e intentamos con desespero empezar una familia. Luego de meses de oración, sueños y lectura ferviente de cada libro sobre con la concepción en la Biblioteca Pública de Sioux Falls, por fin quedé embarazada.

Ese abril, las peonías brotaron y mis pechos florecieron. En un brillante mediodía sabatino, estaba parada cerca del cordel de ropa, colgando sábanas blancas y brillantes que contrastaban con la lontananza de los campos recién arados.

¡Qué glorioso secreto guardaba! Hasta el momento, sólo mi esposo y mi mejor amiga que estaba en su séptimo mes de embarazo lo sabían. Mañana, llamaría a Mami. Probablemente se desmayaría de cara al suelo en su mesa del comedor. Su hija marimacha finalmente se unía a las filas de las mujeres.

La escena esa noche era muy brillante. Un ramillete de peonías adornaba la mesa del comedor, sus botones violetas-rojos a punto de florecer. Afuera, las sábanas todavía estaban colgadas, meciéndose con el atardecer. Antes de quitarlas, sin embargo, me zambullí en el baño. Allí, en el pliegue de algodón de mi ropa interior, había dos manchas secas de sangre.

No podía ser, razonaba. No después de seis meses de oración, esperando y rogando. Pero una hora más tarde, regresaron las manchas carmesí. Luego llegaron los calambres, peores que los de dolor menstrual.

A la mañana siguiente, en un baño soleado, parí a nuestro primer bebé, una masa marrón, ni siquiera del tamaño de una moneda. Envolví nuestro sueño en una servilleta color melocotón y lo coloqué en el piso cerca del inodoro.

Bajo el sol brumoso de la tarde, mi esposo y yo enterramos esta parte de nosotros. Usando una cuchara como palustre, cavamos un hueco cerca de un muro que apuntaba hacia los campos. Al arrodillarme en la tierra, recordé una tumba antigua que había visto en un cementerio de viejos pioneros. Las palabras marcaban la tumba de un infante: "Injertados en la tierra, para florecer en el cielo".

La reseña debía ser un consuelo para mí. ¿Qué mejor sitio para que florezca una flor? Pero ese capullo —ese precioso capullo— era mi bebé. Yo amaba a mi bebé. Y quería cargarlo durante siete meses más, o al menos hasta que pudiera florecer en mis brazos.

Cada noche me acuesto en el piso de la sala. Lloro. Lloro a gritos. Plaño con cantos fúnebres. Por teléfono, a cuatrocientas millas de distancia, mis padres tratan de decir las palabras correctas. Del otro lado del cuarto, mi esposo se mantenía fuerte, confiando en un futuro embarazo.

¿A quién le podía hablar? ¿Quién podría entender que otro embarazo no remplazaría a mi hijo muerto? ¿Quién entendería el golpe de una oración contestada con un sí para ser destruida con un no?

No era Karen desde Kansas. No era mi mejor amiga con siete meses de embarazo con su barrigota regordeta de siete meses. Y ciertamente no todas aquellas mujeres fértiles de la iglesia con sus manadas de hijos. El dolor era mío. La amplia liga de mujeres no podría siquiera entenderme.

Dos meses más tarde, en el calor de junio, concebí nuevamente. En julio, estaba verde y nauseabunda. Allá por septiembre estaba lista para recibir el grupo de oración de la liga de mujeres de la iglesia. Sintiéndome hacendosa, hasta cociné una torta de manzana. Después de todo, había ingresado otra vez a las filas de mujeres.

Les conté cuán agradecida estaba de haber sobrevivido las náuseas de los primeros meses, haber escuchado los latidos galopantes de mi bebé. Con humildad les admití que había perdido un bebé en la primavera. Lo único que esperaba eran sus pésames de cortesía. Pero en su lugar me dieron sus propias historias desgarradoras del corazón, ofrecidas con ternura.

Una mujer parió sola en su sofá, a su bebé de cinco meses. Otra se cayó, perdiendo a su bebé de seis meses. Otra más, perdió siete bebés antes de tener su primer hijo vivo, luego perdió tres más antes de su segundo hijo vivo. Algunas sangraban por semanas. Otras, como yo, perdían sus bebés temprano.

Sus historias ofrecían un alivio agridulce. No estaba sola. Ni era una recién llegada a esta liga. Como mujeres, nos dimos cuenta, no estamos unidas por embarazos y partos, sino por nuestros capullos de esperanza y tristeza.

Allen

Amy Desherlia

Algunas personas no entienden que un aborto espontáneo significa perder un bebé, y no una parte de tejido. Pero yo sé la diferencia. Cuando empecé a tener problemas fui al hospital para que me hicieran una ecografía. La enfermera no estaba autorizada a mostrarme ni decirme nada porque había entrado por la sala de emergencia, pero cuando estaba a mitad de su examen, giró el monitor para que pudiera ver al bebé. Nunca olvidaré esa noche.

La imagen de aquella personita pateando sus piernitas y moviendo sus manitas me hizo reconocer que alguien real estaba dentro de mí. Una semana más tarde regresé para otra ecografía, pero esta vez no podía ver nada en el monitor. Estaba perdiendo mi líquido amniótico, así que era difícil ver al bebé. Dos días más tarde lo perdí.

Antes del aborto espontáneo, estaba recostada en el sofá y me decía a mí misma que si perdía a mi bebé, quería verlo. Media hora más tarde, fui al baño y nació. Vi una personita del tamaño de mi mano.

Desde entonces, hace tres meses atrás, me he sentido vacía y muy sola. Nunca supe cómo se suponía que me sintiera. Esta era la primera vez que estaba embarazada. A medida que pasan los meses, hay días en los que me siento tan deprimida que no creo poder continuar. Siento mucha rabia, pero de alguna forma creo que el bebé me está cuidando y dándome la fortaleza para seguir adelante y hasta para volver a reír. Aunque Allen estuvo conmigo sólo tres meses, siempre estará en mi corazón. Me considero una madre, aunque no tengo un hijo vivo a quien ver o tocar.

Mi segundo bebé

Sarah Entenmann

Por mucho tiempo pensé que las personas que lloraban por un aborto espontáneo eran autocompasivas y absurdas. Pensar en un feto abortado como si fuera un niño real era sin duda ridículo para mí. Pero, en 1986, llegó mi turno.

Mi hija tenía dos años cuando decidimos con mi esposo tratar de concebir otro bebé. No lo lográbamos. Mes tras mes mi cuerpo me informaba sobre el fracaso del intento. Pero una mañana soleada de marzo (luego de intentarlo por ocho meses) triunfalmente pude traer mi prueba de embarazo casera a la cocina para enseñarle a mi esposo y mi hija y darles la buena noticia. Me sentía emocionada y feliz, capaz de olvidar la espera.

Inmediatamente alisté mi ropa de maternidad. Comencé a seleccionar cositas de bebé y planificar mi licencia de maternidad. ¿Dónde dormiría el bebé? ¿Cómo reaccionaría mi hija? ¿De dónde saldría el dinero para dos hijos? ¿Cuánto peso aumentaría?

Estas preguntas se escondieron en el fondo de mi mente según pasaron las semanas y las náuseas se apoderaron de mí. Un agradable mareo se apoderó de mí. El domingo, 21 de abril, me acosté a dormir una siesta en la cama de mi hija; cuando desperté estaba en un delicioso estado de éxtasis. Me sentía como una adolescente enamorada.

Al día siguiente apareció una pequeña manchita rosada. Tuve la sensación de miedo que ya había experimentado —cuando el auto patinaba o recibía una llamada tarde en la noche—. Malas noticias estaban de camino y me sentía incapaz de prevenirlo.

Pero mi doctor me dijo que había un cincuenta por ciento de posibilidad de que todo estuviera bien. Traté de esperar lo mejor. Mis suegros llegaron para visitar y bromeábamos con los nombres para el próximo nieto. Hablé con mi suegra de si debía tener otra cesárea. Acaricié mi barriguita.

El 29 de abril mi hija se enfermó mucho. Decidimos llevarla a la sala de emergencias, donde sugirieron hacerle una radiografía. Les dije: "No puedo entrar, estoy embarazada". Pero cuando fui al baño, descubrí sangrado rojo brillante y supe que no estaría embarazada por mucho más tiempo.

Así que aquella tarde, después de que atendieran a mi hija por una pulmonía y la pusimos en cama, regresé sola al hospital. Una vez más me senté en la sala de emergencias. Observaba a un niño que habían traído por una infección de oídos. Tenía una hermanita mayor, y él era un niño muy dulce. ¡Qué niño tan dulce! A su madre se le caían las babas por su hijo; su hermana jugaba con él. Qué familia tan bonita, pensaba.

El doctor me dejó llorar en la mesa de la sala de emergencia. No dijo palabras como "tendrás otro" o "debía tener algo mal". Esas palabras me llegaron luego a través de otras personas. Luego puso el estetoscopio en mi abdomen, pero no había latidos de corazón.

El bebé, como si estuviera herido, moría lentamente. El 29 de abril se cumplió una semana de manchas de sangre y tuve que esperar otra semana antes que llegaran los sangrados al rojo vivo. Los exámenes confirmaban que mi cuerpo todavía contenía "algo de los productos del embarazo". Mi mente vagaba pensando en cierta forma que el bebé estaba sufriendo. Me reprendía a mí misma por mi forma de pensar y a la vez me sentía como una madre horrible, incapaz de conservar al hijo que estaba en mi vientre e incapaz de enviarlo misericordiosamente a su camino.

El 6 de mayo, el feto fue expulsado. Entonces pude "continuar con el proceso de duelo", una broma vacía para alguien que está doliéndose por dentro. Excepto por mi hija, nada podía llenar mis brazos; la intimidad con mi esposo me recordaba el doloroso final de aquella noche de amor en febrero. Pensaba en animales que lloran a gritos por sus crías que han muerto o que les han sido arrebatadas. Ellos no están obligados a pensar en su dolor.

Me embelesaba mirando a mujeres embarazadas, cuya cantidad —parecía— había aumentado por miles. Seguía con obsesión
el progreso de una amiga cuya fecha de parto era igual a la mía.
Mientras compraba los víveres en un día brillante primaveral,
miraba a través de cada estante siempre descubriendo una mujer
en su noveno mes frente a mí.

Escuché historias de mujeres maduras cuyos abortos fueron
relatados con cuentos o promesas dulzonas de felicidad futura.
Ellas necesitaban utilizar mi pérdida como una oportunidad,
finalmente, para contar su propia historia.

El dolor menguó, por fin, cuando mi hijo nació 17 meses más
tarde. Entendí que algo estaba mal con el bebé que había perdido.
Mi experiencia me ayudó a acercarme a otras mujeres y hombres
cuyos bebés nunca nacieron.

Nunca más menosprecio el lazo entre una madre y su bebé, sin
importar cuan pequeño sea, en su vientre. Y mientras estoy sentada escribiendo sobre mi tragedia, todavía siento la necesidad —
nueve años más tarde— de llorar por el bebé que ví sólo como un
saco embriónico en una pantalla de ecografía.

Lily en el jardín:
extractos de un diario

Deborah L. Cooper

27 de junio de 1991

Intentando comprar una casa en la Calle Friley, nuestro vecindario ideal. Le dije a Paul cuando traspasé el portón en la parte de atrás, que aquí era donde quería que me enterraran; podía ser mi hogar para siempre. Un patio aislado e inmenso. Mucho espacio de jardín. Árboles frutales, enramada de uvas, cercado de quince pies rodeando la propiedad.

La Calle Tormenta esta a la venta hoy. Trato de no ver el letrero. Se abre nuestra casa, y el jardín, a muchos extraños.

8 de julio de 1991

La Calle Tormenta no se ha vendido todavía. La casa nunca se ha visto mejor —recién pintada, limpia y brillante—. El jardín está hermoso. Cumpleaños trigésimo octavo llegando a su fin. Retirada de la gerencia de UPS hace dos meses. Mucho tiempo para trabajar en el jardín. Necesitaré transplantar mis perennes si nos mudamos.

14 de julio de 1991

Feliz cumpleaños. Vigésima reunión de generación, fin de semana pasado. Algunas personas nunca cambian. Sólo caras y cuerpos más viejos que ahora vienen con parejas e hijos. Y muchas historias de "te acuerdas cuando . . ."

28 de julio de 1991

Ev ya usa el baño. Hoy salió de la cama por sí mismo. Hizo una gran deposición. elogios. "No es gran cosa, Mami", dijo.

Nos estaremos mudando en algún momento en las próximas semanas. Se vendió la Calle Tormenta. No puedo creer la ganancia que sacamos con la venta de esa casa.

Algunos extraños se me han acercado en el supermercado, en la calle, para decir que me reconocían por mi trabajo en el patio o por caminar al perro. Me dicen que vinieron a mi casa sólo para verla por dentro. Sus elogios del estilo decorativo fueron bien intencionados, estoy segura, pero me siento violada por todos los que se atrevieron a fisgonear en nuestros dormitorios, nuestros armarios, los cuartos privados de mi vida. Me alegro de que nos mudemos. Esa casa ya nunca significará lo mismo para mí.

He estado trabajando en el patio en estos últimos días. Dividiendo y replantando mis perennes. Mis bebés, que tres años atrás, eran tan vulnerables al frío, la lluvia, la sequía, los conejos. Ahora han crecido para ser plantas muy hermosas que no puedo dejar en manos de alguien que no diferencia entre un tulipán y un diente de león. He replantado unas cien plantas hasta ahora. ¡Transplante a gran escala en camino de la Calle Friley! Paul sólo mueve sus ojos. Ev me llama la mamá jardín.

Hablando de bebés . . . mi cuerpo me está enviando mensajes de una esquina silenciosa interior; puedo oír un susurro lejano que apenas está ahí.

Si mis cálculos son correctos, podríamos estar hablando de colitas quemadas, alimentación nocturna y pañales sucios cuando llegue la primavera. ¿Y si estoy embarazada? ¿Qué hará otro embarazo a mi cuerpo a mi edad? ¿Cómo podré seguirle el paso a Ev, acomodarnos en una nueva casa y trabajar en nuestro jardín? ¡Qué va! Sólo pensar en la mudanza a Friley me da jaqueca.

Por otro lado . . . un bebé. Frotar mi nariz contra el suave cabello de bebé, todavía puedo oler aquellas primeras horas matutinas con Evan cuando era bebé y mis pechos grandes y lecheros. Me imagino que ahora es tan bueno como cualquier otro tiempo. Ev necesita compañía. Todos le daremos la bienvenida a un nuevo bebé en la familia.

4 de agosto de 1991

Sé que estoy embarazada. Mañana voy a hacerme las pruebas para confirmarlo. Náusea, muy cansada, molestia en las
piernas, pechos sensibles.

Le dije a Ev. Dice que no le importa si es "un niño o una
hermana". Él será un gran hermano mayor. Este es un hermoso secreto para guardar por algunos días.

5 de agosto de 1991

Embarazo confirmado. Debe nacer el 11 de abril. Oh, santí-
simo, que maravilloso día.

¿Cómo decirle al super Papito? Ev y yo hemos puesto en
una cajita al muñeco Billy Bobby ("en pañales, pijamas y abri-
gado", me instruyó), con una notita que decía: "Volvemos a la
carga". Llevamos la cajita hasta el trabajo de Paul. Después de
que la recepcionista lo llamó, nos escondimos en una esquina.
La caja estaba marcada "Abrir de inmediato", así que vimos
cuando sacó el muñeco y leyó la nota. Ev se soltó de mis brazos, corrió donde su Papi y le gritó: "¡Vamos a tener un bebé!"

12 de agosto de 1991

Náusea, calores, piernas agotadas. Cansada, cansada. Sí, Deb
está embarazada denuevo. Un bebé está creciendo dentro
de mí a esta edad. Un primer embarazo a los treinta y cinco
fue estimulante, pero ahora que estoy más cerca de los cuarenta, me maravillo.

Estoy saludable y voy a tener un bebé. Ev está curioso. Me
pregunta por qué estoy embarazada; dónde guardo al bebé.

4 de septiembre de 1991

No siento tantas náuseas estos días. Tal vez quiera decir que
es una niña. Sintiéndome muy bien como para trabajar en el
jardín. Trabajando y soñando con mi niñita pelirroja. Será
apropiado ponerle el nombre de una flor —Iris, Rosa, Lily.
Me gusta Lily. Lily en el jardín.

19 de septiembre de 1991

Perdí a mi bebé el lunes pasado en la noche. Las náuseas mañaneras habían desaparecido el lunes anterior, así que me hacía preguntas. Encalambrada al medio día. Manchando a las cuatro de la tarde. Tomándome un descanso de la podadora de grama, sentí el primer chorrito. Ev estaba durmiendo su siesta; Paul estaba trabajando. Me fui al baño para revisar y cerré la puerta en silencio. Cuando vi el rojo vivo, lloré.

A las 8:30 tenía calambres muy fuertes (ese terrible dolor de parto inminente). Sala de emergencias a las 9:00 donde la placenta cayó al piso en la sala de exámenes. Sala de operaciones a las 10:00. Nunca había sufrido operaciones o recuperaciones, pero tenía demasiada tristeza para temerle a las agujas, los tubos, o los instrumentos quirúrgicos. En casa a las 12:34 de la madrugada. Tuve un sueño sin sentido. El primero en meses.

23 de septiembre de 1991

Con renovado vigor, trabajo en el jardín. Mucho que hacer. Necesito trabajar con la tierra.

25 de septiembre de 1991

Voy a ver al doctor en la mañana. Revisión post aborto espontáneo. Me hace llorar por Lily.

28 de septiembre de 1991

Terminé de arreglar la cómoda para el comedor. Empecé a construir una verja para las flores de la parte del frente. He terminado de podar en el patio. Dos camiones llenos se han ido esta noche. Las plantas que compré han llegado. Estiércol en proceso y avanzando. Jardín organizado y rastrillado. Hierbas plantadas. Trabajando en el resto de los "trasplantes" de perennes. Estoy tan cansada y triste.

17 de octubre de 1991

Perdí mi bebé hace un mes. Todos dicen que lo sienten; así debía ser; es lo mejor; sigue tratando. Pero no sé . . . Yo también lo siento, pero todavía me pregunto por qué. ¿Qué hice tan terrible?

Sí, sé que Evan va a ser hijo único. Mi ventana de oportunidad parece que se cerró con doble seguro y para siempre. No estoy dispuesta a arriesgarme otra vez.

Así que he dedicado mucho trabajo al jardín estos últimos treinta días. Cuando el cuerpo de una mujer está en proceso de tener un hijo, hay un sinnúmero de reservas de energías acumulándose. Las flores se han convertido en mi canal de descompresión para sangrar algo de esa energía, con mi pena y mi dolor. Toda la fortaleza, el vigor y el esfuerzo asociado con la crianza de los hijos han sido forjadas a través de mis dedos en la tierra de mi jardín. Si hubiera manos fértiles, verdes pulgares. Nadie sabe que ella está allí . . . Lily en el jardín.

La sala de espera

Jon Masson

Hay una razón por la que los hospitales llaman a estos espacios salas de espera. No hay más que hacer sino esperar.

Miras a las paredes, miras al reloj, te irrita que el televisor no funcione y miras nuevamente el reloj. Sólo han pasado diez segundos pero parecen como una hora.

No podía imaginar lo que sentía mi esposa, Patrice. Frotaba mis ojos y luego mi cara, mi barba interrumpía el paso de mis dedos por mis mejillas. ¿Cómo estaría ella? ¿Cuándo la vería? Ella estaba cerca, pero tan lejos mientras yo esperaba solo en la sala de espera de visitantes del hospital.

Eran como las diez de la mañana del 10 de abril de 1994. ¿Quién se hubiera imaginado que ese domingo terminaría significando tanto? Hasta a mí me sorprendió, el una vez llamado "señor Spock" por un ex-compañero de trabajo. Los estoicos no permitían que los demás vieran lo que pasaba en su mundo interior. El señor Spock ni siquiera permitía que lo vieran sudar.

Ésta, sin embargo, no era una mañana normal de domingo para nosotros. Una mañana normal de domingo para nosotros era ir a la iglesia o dormir hasta tarde. Todo había sucedido tan rápido.

Patrice estaba esperando nuestro primer bebé. Me lo dijo mientras caminábamos hace un par de meses. En el momento que un trotador pasaba, Patrice me dijo que estaba embarazada. Yo le pregunté sin pensarlo cómo le había ido en su visita al doctor ese día. El trotador y yo fuimos los primeros en saber.

Patrice y yo, como muchos otros, nos casamos ya maduros en la vida. Nuestro nudo no se ató el día después de obtener un diploma de escuela superior. Primero vinieron la universidad, varios años de trabajo, y un tiempo para cada uno de nosotros. Varios años juntos —pero solos— siguieron antes de sentirnos listos para el siguiente paso: tener un hijo.

Estoy seguro que Patrice, a la edad de treinta y tres, sentía más urgencia que yo. Yo le añadía diez y ocho a mis treinta y cuatro años para ver si yo todavía estaría caminando cuando nuestro hijo o hija alcanzara su mejor condición atlética. La marcha del reloj, verás, no me molestaba tanto, excepto por la ansiedad que pudiera producir en Patrice. Por el momento, sin embargo, no sentíamos ninguna presión, sólo júbilo.

Las siguientes semanas estuvieron llenas de planes futuros: cómo arreglar el cuarto del bebé, cómo manejar nuestros horarios de trabajo, cuán emocionante sería.

Pero Patrice aconsejaba cautela y yo la seguí. Ella decía que los primeros tres meses podían ser tramposos para la madre y el bebé, así que nos refrenamos de decirle al mundo de nuestras noticias. Les contamos a nuestros padres y les pedimos que se lo guardaran. Qué difícil debió ser esto para mi madre, quien le habría contado sólo a dos partidos —los Republicanos y los Demócratas—. Qué difícil fue para nosotros, por estar de vacaciones en marzo en nuestro antiguo hogar de Phoenix. El esposo de una amiga se dio cuenta que estaba embarazada y él inmediatamente gritó desde el techo que iba a ser padre.

Les contaríamos nuestras buenas noticias después de la marca mágica de los tres meses.

Eran casi los tres meses, cuando me encontraba sentado fuera del quirófano.

Nadie más estaba cerca —sólo yo, sentado allí, pensando en Patrice y en nada más—. Imaginaba que durante la semana alguna enfermera se sentaba en el escritorio a la izquierda en el pasillo frente a mí. Imaginaba a otros sentados allí, como yo lo hacía, esperando saber algo de sus esposas o sus esposos o sus hijos o sus hijas o sus abuelos o sus abuelas o sus amistades que estaban al final del pasillo.

"La operación fue un éxito", les diría el doctor, mientras sus rostros se llenaban de alivio. O las lágrimas brotarían, cuando empezara la otra frase: "Lo siento mucho".

No había mucho bullicio en la sala esta mañana de domingo. Ni cigarros tampoco. Sólo cierto aturdimiento.

Sólo habían pasado unos minutos desde que encontré mi asiento, después de deambular el área de espera buscando el periódico del domingo. Al no tener éxito, tomé una revista vieja. Miré lo que saqué de la máquina de comida y me pregunté si me lo comía o lo dejaba para más tarde. La torta me sorprendió. No estaba mal para estar envuelto en papel celofán y haber estado en la máquina tal vez por semanas. El jugo de concentrado de naranja estaba agrio. Torta dulce con jugo agrio.

Esperaba que Patrice estuviera bien.

Ella se había quejado el día anterior que no se sentía bien. A las cuatro de la mañana del domingo, me despertó. No sabía qué hacer. Le dolía la espalda. Tenía calambres. Había un poco de sangre.

Un par de semanas antes, ella experimentó un sangrado similar y me dijo que pensaba que había perdido al bebé. Estaba segura. Mi ánimo decayó. Al no haber pasado por esto antes y al no estar informado de estos temas, le creí. Ella estaba feliz cuando los exámenes reflejaron que ella estaba bien, el bebé estaba bien, todo estaba bien. El doctor le dijo que algunas mujeres experimentan un sangrado leve.

Así que no sabía qué pensar, a las cuatro de la madrugada, pero decidí no alarmarme. Tendríamos que esperar y ver qué decía el doctor.

Patrice no podía esperar. Ella quería llamar al doctor. Por desgracia, su doctor no estaba disponible. ¿Debía entonces llamar a su colega? No sabía. Estaba tan indeciso como nunca. Tomar decisiones rápidas no era mi fortaleza. Ahora, antes del amanecer, cualquier oportunidad de ello era nula. No podía pensar con claridad. Acababa de despertar de un sueño profundo y maravilloso. ¡Qué incapaz me sentí! No sabía qué decirle a mi mejor amiga que estaba asustada.

Ella llamó, lo que la ayudó a calmarse. Ella y el doctor decidieron que la situación no era una emergencia, pero lo mantendría informado. Lo volvió a llamar horas más tarde y le informó que el dolor era menor y que esperaría a ver a su doctor el lunes. Tal vez no era nada.

No podíamos esperar a una visita regular al médico. Patrice no se sentía bien. Estaba nerviosa y quería respuestas. El doctor de turno acordó verla a las nueve en punto ese domingo en la mañana.

Tenía esperanzas que todo saliera bien, pero no sabía qué pensar. Quería que ella y el bebé estuvieran bien.

Trataba de apoyar a Patrice, pero no sabía lo que estaba pasando dentro de ella. Podía tratar de explicarme, pero ¿cómo podría entenderla verdaderamente? ¿Cómo puede cualquier hombre saber lo que siente una mujer durante el embarazo? ¿O lo que siente cuando tiene complicaciones?

El doctor me pidió que me sentara en la sala mientras revisaba a Patrice. La única silla disponible estaba detrás de donde el doctor la examinaría. Yo me estremecí y miré hacia la ventana. Sentí que yo le invadía su privacidad. La sangre me decía cuán incómoda estaba.

Patrice y el doctor parecían saber cuáles eran las noticias.

El doctor me hizo ver la pantalla de la ecografía. Ahí estaba el feto. Diecisiete milímetros de largo. Por supuesto, había visto muchas fotos en televisión y revistas, pero nunca había visto algo igual en persona. Este era nuestro bebé.

Hubiera deseado que la primera vez que hubiera visto un feto en persona, el feto hubiera estado vivo.

Nunca tuve una opinión sobre cuándo comenzaba la vida hasta ese día. En la pantalla de ecografías se veía una personita.

Casi las once y media. Mi cara se siente mugrienta. Hasta un día con mi barba sin afeitar me hacía sentir desaliñado. Dos noches sin dormir no ayudaban. Había bromeado que esperaba que nuestro hijo fuera dormilón pues necesitaba dormir mis ocho horas. Ahora, ya eso no sería una preocupación. De repente, todos los planes se deshicieron, toda mirada al futuro terminaba. No había bebé para ponerle nombre.

Las llamadas a las amistades y a la familia no serían para anunciar buenas noticias. En su lugar, les diría que Patrice había salido bien de la operación. Les diría que ella estaba embarazada y había perdido el bebé. Mi esfuerzo de informar esta noticia de manera objetiva y sin emoción sería infructuoso; mi voz temblaría y se quebrantaría al decir las palabras.

Sólo los sonidos de un silencio incómodo se escucharían de la otra parte del teléfono.

Y finalmente: "Lo sentimos".

Me levanté cuando reapareció el doctor a quien había conocido ese día. Le escuché con atención, le hice un par de preguntas, y lo vi desaparecer. Podría ver a Patrice en unos minutos, dijo. Tenía que disiparse la anestesia. Ella estaba bien. Eso era lo primordial.

El doctor no pudo explicar por qué pasan estas cosas, pero dijo que no era inusual en embarazos de primerizas. Es la forma como el cuerpo le dice a la madre que algo anda mal. La próxima vez sería diferente, dijo.

En ese momento, eso era poco consuelo. No queríamos oír estadísticas de otra gente. No estábamos hablando de otra gente. Hablábamos de nosotros. Nuestro bebé, nuestro hijo, que hubiera crecido para ser presidente o jugador, o ganador del premio de literatura, o lo que él o ella quisiera ser. No queríamos oír sobre la próxima vez.

Nunca antes había vivido un día como ese, esperando tan impotente mientras alguien que amaba recibía ayuda médica de emergencia. Nunca había soportado un día así, cuando las visiones de ser padre se borraban antes de que pudieran hacerse realidad.

No podía imaginarme lo que le estaba sucediendo a Patrice. Me sentía perdido, sin saber qué decir o hacer, mientras permanecía parado en un banquillo de cuatro patas cerca de Patrice. Le sonreí a Patrice, quien me sonrió. Su pelo castaño estaba desgreñado, sus brazos atados a tubos y monitores. Ella era la única paciente en una sala de recuperación tan grande como para albergar veinte o treinta camillas como la de ella.

Mis brazos se recostaron de la baranda de su camilla. Le pregunté detalles de cómo se sentía y qué había pasado en las últimas horas. Traté de usar humor, y ella se rió. Ella estaba poniendo lo mejor de sí. Me sentí más cerca de ella que nunca. Cuán sola se debió sentir.

Patrice se durmió. Yo miraba al piso.

¿Cuántos hijos tienes?

Angela LaFisca

Siempre quise ser madre. Tengo veintiocho años y mi esposo Tony, tiene veintinueve. Fuimos novios desde la juventud y nos casamos en agosto de 1986.

Aunque no estaba en control de natalidad, no fue sino hasta finales de agosto de 1992 que me di cuenta que estaba embarazada. Estaba emocionada. Después de que mi esposo se acostumbró a la idea de ser padre, él también se sintió feliz. Los padres de Tony son amigos de mis padres, así que hemos sido como una gran familia durante toda nuestra vida. Nuestros padres llevaban tiempo diciéndonos que estaban listos para ser abuelos.

Cuando tenía 10 semanas de embarazo empecé a manchar. Al principio no era mucho, pero igual me asusté. Al día siguiente fui a una ecografía y nos enteramos que estaba embarazada de gemelos. Había deseado un bebé por tanto tiempo y me desilusioné tantas veces, pero en el momento que supe de los gemelos, supe que no tendría a mis bebés. Las cosas eran muy buenas para ser ciertas. Para cuando Tony y yo nos acostumbramos a la idea de que eran dos bebés, ya no existían. Tony y yo tuvimos dificultades al principio para hablar de nuestros bebés. Yo sentía la necesidad de hablar de ellos a diario, pero él no podía. En aquel momento yo no tenía amigos íntimos y él era la única persona con quien podía hablar. Pasé sola por un tiempo muy difícil. Me rompía el corazón que el doctor no pudiera decirme el sexo de nuestros bebés. Las cosas que todavía no sé de ellos me destrozan. Me sentía una fracasada.

En octubre de 1993, un año más tarde, estaba embarazada nuevamente. Estaba aterrorizada, pero esta vez todo iba bien, pensaba. Mi hermana menor y yo estábamos embarazadas y juntas nos divertíamos comprando cositas de bebé. Un domingo en la noche una amiga me preguntó cómo estaba. Hablamos de mi embarazo y cómo iba a oír los latidos del corazón de mi bebé al día siguiente. Después de oír los latidos me tranquilizaría un poco. La pérdida de los gemelos me incomodaba, aunque la gente, incluyendo mi doctor, me decía que no volvería a pasarme. Esa misma noche todo comenzó otra vez. Estaba reviviendo la peor pesadilla de mi vida. Cada vez que pisaba un hospital estaba embarazada, y cada vez salía con los brazos vacíos. Esta vez era una niñita.

Nadie podía decirme por qué sucedían los abortos espontáneos. Mi doctor dijo que las pérdidas son comunes y que no haría exámenes especiales hasta que tuviera más pérdidas. Esta vez, esas palabras no fueron suficientes. No quería embarazarme otra vez hasta tener una respuesta médica. La gente creía que la respuesta era intentarlo otra vez de inmediato, pero yo necesitaba tiempo para llorar por mis hijos. La palabra fracasada no es suficiente para describir cómo me sentía.

Poco tiempo después construimos una nueva casa y nos mudamos en noviembre pasado. Para mí, era empezar de nuevo —una casa nueva sin memorias tristes—. Todavía tengo las cosas que reuní para mis tres bebés y a veces me ayuda sacarlas y mirarlas. En otoño del año pasado encontré un médico que diagnosticó mi problema. Tengo un nivel muy bajo de las hormonas que forman correctamente la placenta para que crezca el bebé. Estoy bajo tratamiento y espero estar embarazada pronto. Anhelo dar a luz un bebé saludable.

Creo que hay gente que desea saber lo que sienten las mujeres que pierden sus bebés, y quieren ayudar sinceramente, pero no pueden entender el dolor del vacío, a menos que lo hayan experimentado personalmente —una experiencia que espero no les ocurra—. Desde que Tony y yo nos casamos, la pregunta más difícil de contestar ha sido: "¿Cuántos hijos tienen?"

La foto de la ecografía

Karen Martin-Schramm

En mi cómoda hay una foto de ecografía, en blanco y negro, borrosa, de nuestro bebé de 11 semanas. Se ve como una personita. Lo que más llama la atención es el largo cordón que conectaba al bebé conmigo. No sé dónde archivar esta foto. Mi aborto fue hace un mes, pero la foto, junto con mi diario del embarazo y un panfleto titulado *Un Doctor Discute el Embarazo,* están allí, como un recordatorio diario de mi pérdida.

Mi esposo Jim y yo, no habíamos planificado tener más hijos, así que mi descubrimiento en abril fue un choque. Le lloré a Jim en el teléfono cuando lo supe, sintiéndome agobiada y temerosa. Sin embargo, pocos días después me sentí emocionada y esperanzada y mi imaginación trajo frente a mí imágenes de cómo el recién nacido se adaptaría muy bien a nuestra familia. Dado mi historial de pérdidas —entre Joel y Joshua había perdido dos bebés, cada uno en la novena semana— decidimos no decirle a nadie hasta pasar el primer trimestre. Sin embargo, el secreto sólo duró un par de semanas. Muy pronto estábamos diciéndoles a todos. Era un embarazo atroz, con mucha náusea y fatiga, pero pensaba que esta era una señal de que el embarazo se estaba asentando. Dormí toda la primavera.

Nos tomó tanto tiempo quedar embarazados con Joshua que este "accidente" parecía increíble. Cuando pasé la tenebrosa marca de las nueve semanas, me sentí más esperanzada que nunca. Muy pronto, sin embargo, comenzó el sangrado y continuó durante tres semanas y media. Tres veces me hicieron ecografías, cada una después de días de mucha pérdida de sangre. Para nuestro deleite, el bebé estaba bien y estaba creciendo apropiadamente a pesar de la masa de sangre cerca del saco gestacional. El bebé estaba en el lado izquierdo de mi útero en forma de corazón, una señal de dificultad pues los otros embarazos también habían sido en el lado izquierdo. Mis dos embarazos exitosos habían sido en el derecho. Tal vez eso era pura coincidencia, o tal vez había alguna anormalidad en el lado izquierdo.

Es difícil describir cuán difíciles fueron esas tres semanas y media para nosotros. Era diferente para mí, y probablemente para la mayoría de las mujeres. Preocupaciones y preguntas son abrumadoras. El doctor me preguntaba: "¿Todavía te *sientes* embarazada?" Analizaba cada sensación de mi cuerpo. (¿Esto es sólo náusea o es un calambre?) Ir al baño era aterrorizante. (¿Sería sangre roja clarita o roja oscura? ¿Abortaré ahora mismo?) Tener que examinar cada sustancia coagulada que me salía, buscando por señales de tejido, se convirtió en un ritual. Preguntarme si la próxima ecografía revelaría un feto muerto o vivo era agonizante.

Mi última ecografía fue el viernes en la mañana. El técnico estaba esperanzado porque la masa de sangre parecía más pequeña y el bebé estaba creciendo tan rápidamente que ya el útero no tenía forma de corazón. Estaba más feliz que lo que había estado en mucho tiempo. En días anteriores, el doctor, Jim y yo habíamos discutido la fecha para la cesárea —el 18 ó 19 de diciembre— para que el bebé y yo pudiéramos estar en casa para la Navidad. Al día siguiente me sentí inquieta y muy cansada, sin saber si era una buena actividad hormonal o una mala señal. Al mediodía estaba en cama, contorsionándome del dolor; nunca había sentido calambres tan fuertes. Durante dos horas no hubo forma de sentirme cómoda y vomitaba por tanto dolor en mi cuerpo. Incluso deseé que "esta cosa saliera de mí" pues sentía como si mi cuerpo estuviera poseído por algún demonio. Luego el dolor desapareció y me dormí. Cuando me desperté, fui al baño y parí una masa redonda y grande. Sabía que era el bebé: el saco embrionario se veía tal como el doctor dijo.

El aborto espontáneo fue a las 3:30 p.m. del sábado, 11 de junio de 1994. No quise salir de la casa. Jim tenía un compromiso de trabajo, así que como a las seis y treinta él le llevó el saco fetal al doctor de turno en el hospital. El doctor le dijo a Jim que él nunca había visto un aborto tan completo y le mostró a nuestro hijo perfectamente formado.

Jim regresó a casa y me dijo lo que había dicho el doctor. Saber el sexo del bebé me hacía gemir por nuestro bebecito. Pensaba en las ecografías anteriores cuando trataba de distinguir el sexo del bebé mientras pateaba sus piernitas. Cuando perdí mis otros bebés, sin haber oído latidos de corazón o visto fotos de ecografías, sentía la pérdida de lo que pudo ser. Esta vez perdí a un hijo. Él era un bebé cuyo latido del corazón —como una respuesta a una oración— había podido escuchar y ver cuando pensaba que estaba callado.

La pérdida de nuestro niño, aún sin nacer, afectó a mucha gente. Amistades preguntaron si habíamos escogido un nombre para nuestro hijo y si tendríamos un funeral. No hicimos ninguna de las dos. Era demasiado para que pudiéramos soportarlo o tal vez muy temprano en la vida del bebé. Nos acunábamos en el consuelo y la bondad de nuestras amistades y familiares. Un amigo nuestro bien dijo: "El perder un niño antes de nacer es perder un sueño, una esperanza y tal vez una parte de uno mismo a la vez".

El aborto afectó la vida de nuestros niños en formas que me asombraron. Joshua, de tres años, era muy jovencito para comprenderlo todo. Pude notar, sin embargo, cuán asustado e inseguro estaba por mis lágrimas y por permanecer en cama tanto tiempo. Joel, de ocho, había sido mi embajador de la esperanza. Durante las semanas de sangrado, él era quien me abrazaba y decía: "Todo va a estar bien, Mami. El bebé va a estar bien". Cuando estaba embarazada de Joshua y sangrando en abundancia a las nueve semanas, Joel, de cuatro años, se sentó a dibujarme a nuestra familia. Yo tenía una cara feliz, muy embarazada y dentro de mi vientre había un bebé sonriente. Como un ícono, ese dibujo de esperanza estuvo colgado en mi cabecera durante el resto de mi exitoso embarazo.

Cuando aborté esta vez, Joel siguió las instrucciones de Jim y entró al cuarto, me abrazó y dijo: "Siento que el bebé haya muerto, Mami". Parecía aceptarlo y me dio la impresión de que no pensaría más en el bebé. Quería saber cuándo pasaría mi luto. "¿Todavía estarás triste mañana, Mami, y pasado mañana también?" Una semana más tarde lo escuché decirle a la peluquera que él hubiera tenido una hermanita "pero ella murió". Decidí que debía decirle a Joel el sexo del bebé. Cuando le dije, pude notar que estaba aturdido y triste. Podía relacionarse con la pérdida de un hermano. Luego se me acercó y me dijo: "Mami, tú vas a tener que plantar otra semilla para yo poder tener otro hermanito".

Ha pasado un mes y todavía tengo una gama de emociones. He tenido manchas por semanas, pero como la foto de la ecografía en mi cómoda, es un recordatorio diario que puedo sobrellevar. Hablar de nuestra pérdida a otra gente me ha ayudado. Las amistades me han escuchado y ayudado a procesar la mezcla de sentimientos. Algunos días siento alivio de no estar esperando otro bebé dentro de seis meses pues nuestras vidas ya están extendidas al máximo. Esto, por supuesto, me trae complejos de culpa. Para añadirle a este sentimiento, recuerdo momentos cuando resentía estar embarazada —como cuando me sentaba en la oficina del doctor por otra infección de oídos de Joshua y pensaba con temor que tendría que pasar por lo mismo con un tercer bebé—. Otros días veo a una amiga embarazada en el parque o veo un lazo color de rosa en el árbol de algún vecino y me lleno de tristeza.

Aún dos semanas después de la pérdida, me despertaba cada mañana pensando que todavía estaba embarazada. He tenido pesadillas vívidas en las que Joshua se había ahogado en la piscina pública mientras me distraía viendo nadar a Joel. En las últimas semanas he leído tres novelas buscando algún escape, pero, irónicamente, todas han sido densas y deprimentes, con algún personaje que está perdiendo un bebé. Limpiar y organizar la casa es mi obsesión, como si fuera un perverso instinto de anidar. Estoy creando orden y perfección ahora que estoy recobrando mi energía. Todavía tengo muchas preguntas. ¿Debí descansar en cama, aunque no hay evidencia médica que compruebe que esto ayuda? ¿Por qué continué levantando a Joshua después que comencé a sangrar? La falta de líquidos puede afectar el útero y la placenta; ¿estaba tomando suficiente líquido?

En lugar de atesorar a Joel y Joshua como gemas preciosas, me doy cuenta que con frecuencia estoy irritable e impaciente con ellos. He contratado nanas para tener tiempo a solas para enfrentar mi dolor y procesar mis emociones, y pasar tiempo a solas con mi esposo. La otra noche Jim me dijo que esta tercera pérdida había sido lo más difícil que él había experimentado. Me sorprendió oírselo decir pues muchas veces deseaba que él fuera más consolador y comprensivo. Durante el embarazo Jim no me pudo ofrecer mucho apoyo porque él mismo estaba nervioso y asustado. En ocasiones parecía que la incertidumbre y la pérdida eran sólo mías, pero sé que no era así. Ambos estábamos desgastados emocionalmente cuando todo terminó.

Más tarde, podré señalar alguna sabiduría que haya ganado por haber pasado por este aborto. Pero ahora mismo se siente como un hueco abismal. Con el tiempo el hueco cerrará —mucho después de la Navidad, cuando nuestro hijo hubiera regresado con nosotros del hospital—. Por ahora estoy agradecida de mi fe, del sentido de la cercanía de Dios, y por mi comprensión de Dios como Madre: una madre que se duele conmigo al mismo tiempo que me rodea con un amoroso abrazo.

El álbum de mi bebé: mi diario

Robin Worgan

Fui a la tienda a comprar álbumes para acomodar mis polvorientas fotos. Estoy tratando de organizarme, así que esto es necesario. Los álbumes azules grandes son a $5.97, los álbumes de fotos de bebé cuestan $2.97. ¿Por qué estoy mirando estos álbumes de bebé? No tengo un bebé. Estrecho mi brazo y tomo un álbum blanco pequeño con una portada de un querubín de pelo rizado galopando en un caballito azul celeste. Tengo que comprarlo. Mis manos acarician el álbum, levantando la cubierta plástica de las fotos —cincuenta de ellas—. Cada vez que paso una, veo una foto de cómo se hubiera visto nuestro bebé.

Mi mano se mueve hacia mi vientre, aplanado y delgado. Todos envidian mi cuerpo menudo, mi energía, mi juventud.

"Eres tan joven y tienes toda una vida por delante".

"Es más difícil de sobrellevar para mujeres mayores".

"Ustedes tienen tiempo. Esperen tres meses y traten otra vez".

"Le pasa a todo el mundo. No te tocaba esta vez".

Hubiera tenido ya cinco meses. Al acariciar mi vientre con mis manos, en forma circular, me pregunto cómo se hubiera sentido tener un cuerpo voluptuoso con el propósito de llevar una pequeña vida creciendo dentro de mí.

En mi brazo derecho sostengo el álbum de bebé con naturalidad, como una madre primeriza sostiene a su recién nacido por primera vez. En mi mano izquierda sostengo un paquete de tres jabones. Se nos acabó el jabón.

En casa recojo fotos de bebés. No son mis bebés, pero sí bebés que amo: los dos hijos de mi hermano, los hijos de mis cuatro amigas, mis cuatro primos menores y la hija del primo de mi esposo.

Después de organizar los ángeles en mi álbum, lo miro una y otra vez. Veinte páginas se quedan vacías, como mi vientre vacío, como mi vacío corazón.

Ceremonial para un aborto espontáneo

Kelly Winters

Despierto respirando dolor. *No, no, no lo permitas*, susurro en la oscuridad. Afuera, el viento me devuelve el susurro; la lluvia choca con las ventanas. Estoy recostada en cama, sin atreverme a moverme. Mi pelvis es un cáliz lleno de sangre: si me muevo, se derramará. Estoy sudando y siento náuseas, tengo frío y estoy temblando. El dolor se agudiza y respiro, como lo hacen las mujeres en trabajo de parto, esperando qué pasará. Sigo mi respiración y me duermo, pero el dolor me despierta de la esperanza. Recorro estas olas de dolor y sueño y despierto oyendo el viento, hasta que la sangre comienza a caer, corriendo como un río que no puedo detener.

Tengo seis semanas de embarazo. Lo he mantenido en secreto, sintiendo una comunión silenciosa con el niño, quien fue concebido a finales del invierno, por lo que imagino, amará este tiempo helado tanto como yo. Cada mañana camino por las orillas congeladas del Lago Wingra, observando los gansos y los patos que están regresando a casa hacia el norte. Según pasan los días, el hielo en el lago se rompe, y los charcos en el camino de la orilla están cubiertos sólo con una pequeña capita de hielo, como paneles de vidrio sobre piedras brillantes. Un día los pájaros negros de alas rojas regresan, y miro asombrada un árbol de roble que parece estar lleno de hojas: cada hoja es un pájaro y todos ellos están cantando. ¿Puede este niño dentro de mí sentir el gozo de mi sangre? En mi mente sostengo conversaciones con el niño, me imagino caminando esta misma orilla sosteniendo un infante en mis brazos o diciéndole historias a un chiquillo grande que llevo de la mano.

Ahora todos esos sueños se han ido. El pasto, verde y nuevo, parece mentirme, con su insistencia en la nueva vida. ¿Cómo puedo superar el dolor? ¿Cómo puedo estar en duelo por alguien que nunca nació? No hay un cuerpo para enterrar, no hay funeral, no hay ceremonia para facilitar la transición.

Antes de que cese mi sangrado, guardo una de las toallitas de algodón que he usado para colectar la sangre y la uso para rellenar una muñeca de trapo: la imagen de la criatura que nunca tendré. Hago la muñeca en algodón, de un tono durazno suave, con pelo de hebras de seda, ojos y boca bordados y una cuenta en forma de corazón sobre su corazón. Le tejí ropita pequeñita. Cada puntada es un emblema de aflicción.

En un día fresco y lloviznoso, temprano en la primavera, entro al auto, coloco tiernamente a la muñeca en mis piernas, y manejo al norte; veo vacas negras y blancas en laderas y campos contorneados y llenos de rastrojo del maíz del año pasado, cruzando el Río Wisconsin y de camino a las Colinas Baraboo. Los árboles todavía están desnudos pero las montañas están cubiertas con una bruma verde: el futuro de las hojas.

Voy al Lago Devil, donde altos despeñaderos rodean las profundas aguas. Todo lo que rodea el lago son obras de arte antiguas de la tierra, montículos de sepultura y ceremonias en forma de pájaros y osos, construidos por nativos quienes sabían que este era un lugar santo. Los cuervos cantan desde las cimas de los pinos y los buitres circundan sobre las corrientes de aire en las alturas de los despeñaderos.

Entro al bosque y comienzo a subir hacia los farallones con mi muñeca en brazos. La floresta está llena de flores pálidas y desvanecientes de principios de primavera: sanguinaria, empeine, dicentra, tan suaves como la piel de un bebé. Acaricio los pétalos pero tengo que mirar mis manos para asegurarme que las estoy tocando. Los helechos todavía están muy enroscados, esperando para abrirse.

Voy a un lugar escondido donde hay una pequeña cueva de piedra roja. La cueva es del tamaño de una persona: es un vientre natural, un lugar para una transición, una casa de sueños. Me arrodillo, y nombro a la criatura perdida por primera y última vez. La acuno, y le digo a la criatura desaparecida todo lo que la extrañaré. Luego entierro a la muñeca en la rica tierra negra. Canto de mi dolor en la oscuridad de la cueva. No hay eco: la tierra se traga mis palabras.

Cuando pienso que no puedo llorar más, me levanto y camino a los despeñaderos, donde los buitres vuelan al nivel de mis ojos, a sólo unos diez pies de distancia. Me siento en una roca roja cuadrada y los miro volar. Sus alas son más anchas que mis brazos extendidos y ellos son tan silenciosos como los búhos. Me imagino escuchar el sonido de sus alas al cortar el espacio celestial con su movimiento: uno tenue, profundamente penetrante, como el sonido de un vaso de cristal. Entonces me doy cuenta que soy yo quien hago el sonido: estoy llorando otra vez.

Cae una suave llovizna, unas caricias secretas a las hojas. Abajo, los antiguos montículos de sepultura, con forma de pájaros a punto de volar sobre el lago, parecen aún más verdes. Me pregunto si los buitres que veo son los mismos pájaros representados en los montículos: carroñeros que reúnen la muerte y la transforman en un vuelo.

La lluvia cae con más fuerza y los pájaros se alejan, pero yo permanezco en los barrancos, permitiéndole a la lluvia mezclarse con las lágrimas en mi rostro. Me levanto y abro mis ojos y canto mi canción de duelo, en la compañía de espíritus, moviéndose con la fuerza de pájaros invisibles.

El bebé de nuestros recuerdos

Kathy Law

Aunque habíamos tenido un hijo en diciembre de 1983, mi esposo y yo estábamos teniendo problemas para concebir otro bebé. Esperamos a que Jonathan tuviera más de un año y empezamos a tratar de tener un segundo bebé en 1985. Mes tras mes, año tras año, no quedaba embarazada. Había aumentado mucho de peso después del nacimiento de Jonathan. Había empezado a hacer una dieta estricta a principios de 1991, y para el verano había perdido casi ochenta libras. Dave y yo esperábamos que esto nos ayudara, pero la pérdida de peso sólo hizo irregulares mis menstruaciones.

En el verano de 1991, fui a un viaje de negocio a Chicago con una amiga. Le comenté sobre las dificultades de mi ciclo y que no me estaba sintiendo bien. Había tenido muchas infecciones de sinusitis y el doctor continuaba cambiando mis medicamentos, tratando de encontrar una cura. Mi amiga me preguntó si no estaría yo embarazada; le dije que habíamos perdido las esperanzas hacía mucho tiempo. Me convenció para que me hiciera una prueba de embarazo en el hotel. Fue positivo. Dave estaba fuera de la ciudad en un viaje, así que no podía comunicarle. Se lo dije cuando llegué a casa ese domingo en la noche. Estábamos emocionados, pero también preocupados por las manchas de sangre y mis medicamentos para la sinusitis.

Concerté una visita al médico para el siguiente día y no encontró nada fuera de lugar. No podíamos determinar la fecha de concepción porque había estado manchando de vez en cuando desde mayo. Verificó los medicamentos para la sinusitis y no encontró información que indicara que le harían daño a mi bebé.

El embarazo estuvo bien hasta la primera semana de agosto, cuando empecé a manchar profusamente. Fui a la clínica y una prueba de sangre confirmó mi embarazo. Durante las siguientes semanas continué manchando ocasionalmente y también tuve calambres. Mis emociones fluctuaban entre el éxtasis y la preocupación. Me sentí ambivalente sobre mi embarazo porque parte de mí sentía que algo andaba mal. Trataba de protegerme de ser lastimada en caso de perder al bebé.

El 14 de agosto, preparamos una caseta en la Feria Estatal de Iowa donde exhibíamos y vendíamos nuestras artesanías. Me cansaba con facilidad y tenía calambres. Al día siguiente, el primer día de la feria, comencé a sentirme peor y estaba manchando un poco. Salí de la caseta y me fui a la casa rodante donde estábamos alojados. Jonathan, Dave y los amigos con los que compartíamos la caseta se quedaron para cuidar la exhibición. Dave me dijo que regresaría a las cuatro de la tarde para ver cómo seguía. A las tres en punto sentí un agudo calambre y un chorro de líquido. Corrí al baño, me senté en la taza, y vi salir sangre como corrientes. Sentí pavor y comencé a llorar. Pensé en una historia que había leído que decía que si a una mujer le pasaba algo mientras experimentaba una pérdida, debía guardarlo. Yo quería estar en el hospital si eso pasaba. No pude llegar a la caseta donde estaba Dave, así que lo esperé. No vino cuando dijo, así que le escribí una nota. Coloqué una toalla en un par de pantalones cortos limpios y salí hacia nuestro vehículo. Me dio trabajo encenderlo y comencé a gritar y llorar. Estaba sangrando mucho.

Estaba a noventa millas de mi hospital, así que fui al único hospital en Des Moines al que sabía llegar. El tránsito estaba pesado y me tomó casi quince minutos para llegar a la sala de emergencias. Le dije al personal médico que estaba perdiendo a mi bebé. Al principio no me hicieron mucho caso porque había llegado manejando yo misma y parecía calmada. Finalmente, tras llenar muchos formularios, fui examinada por un doctor joven que no estaba seguro si eso era lo que estaba ocurriendo. Él y la enfermera me dejaron sola en el cuarto. Empecé a sentir náuseas y mareos. No alcanzaba el botón de emergencias así que grité para que me vinieran a ayudar.

Un obstetra vino poco antes de que Dave y Jonathan llegaran. Me examinó y me dijo que estaba abortando y me envió a hacer un D&C de inmediato. Le pedí a Dave que llamara a nuestras familias. Después del D&C me quedé esa noche en el hospital. Dave se quedó conmigo y unos amigos vinieron para llevarse a Jonathan. Una enfermera me dijo que ella había perdido un bebé lejos de su hogar, también, y si necesitaba alguien con quien hablar, ella vendría. Yo estaba en tal estado de asombro que no me daba cuenta de lo que acababa de suceder, así que no hablé mucho con ella. En medio de la noche, sin embargo, comencé a comprender que había perdido a mi bebé.

A la mañana siguiente me dieron de alta y regresé a la casa rodante. Dave tenía que regresar a la caseta, así que estaba sola. Él no había llamado a los familiares la noche anterior porque estaba muy molesto. Dave había llorado mientras yo estaba en cirugía y Jonathan había llorado un poco también. Pensé que mi familia vendría cuando finalmente supieran la noticia, pero no lo hicieron. Necesitaba hablar con gente. Me sentía sola y destrozada por la pérdida. Cada noche en la feria, después que Jonathan se dormía, Dave y yo llorábamos hasta la madrugada.

La depresión llegó cuatro o cinco días después. Todavía tenía calambres y no tenía energía. Me sentía muy mal caminando por la feria, viendo que todos se divertían. Quería gritarles: "¿No saben lo que me pasó? ¡No hay razón para que estén felices!" Mi vida parecía que había terminado. Hasta pensé en suicidarme, para poder estar con mi bebé. La depresión y el luto continuaron durante meses y aumenté algunas de las libras que había perdido.

Dos años más tarde todavía se me hace difícil hablar de mi pérdida. No tuve mucho apoyo de mi familia. Todos dijeron que no sabían que decirme, así que no decían nada. Por mucho tiempo, resentí a mi familia por no haber estado conmigo cuando los necesité. Dave y yo decidimos no tratar de tener otro hijo. No estoy segura que pueda sobrevivir el desgaste emocional y financiero si pierdo otro bebé.

Dave y yo plantamos un jardín en nuestro patio como memorial para nuestro bebé. Cuando cuido mis flores, pienso en mi pérdida y me siento en paz. Estoy haciendo algo para honrar al bebé que vive en mis recuerdos.

Aflicción

Karen Chakoian

Creo —según mi experiencia— que la aflicción puede ser buena. Por supuesto, la aflicción es dolorosa; es triste, dura y difícil. Pero puede ser útil y cambia la vida de una persona para bien.

Una suposición que hacemos con frecuencia con respecto a la aflicción es que le "sucede" a la gente. La aflicción "sucede" durante una pérdida y es la recolección de síntomas que debemos sobrellevar. Somos receptores pasivos de emociones no deseadas, y hay un inevitable ciclo de sentimientos y etapas que debemos experimentar.

Pero es un error creer que somos barcos pasivos siendo llevados por las corrientes de la aflicción, para ser echados a las rocas del dolor y la desesperación. La aflicción es un proceso activo que encierra muchas decisiones. Una de las decisiones que cada persona debe hacer es si se va a dejar "tragar" por sentimientos abrumadores.

Cuando tenía cuatro meses de embarazo, en septiembre de 1992, mi esposo y yo nos enteramos que nuestro bebé había muerto. La enfermera y el doctor no podían encontrar su latido del corazón al hacerme un examen prenatal de rutina. Una ecografía confirmó nuestros temores. Nunca olvidaré ese momento devastador cuando supe que el bebé estaba muerto. De ahí tuvimos que decidir qué hacer médicamente para remover el feto y permitirle a mi cuerpo regresar a un estado pre-embarazo.

Unas semanas después de nuestra pérdida, estaba en un cruce de caminos. Temía que caería en una depresión —sería fácil llegar a ello y sentía que me hundía fuera de control—. Pero decidí que no quería hacerlo. Tenía una opción sobre cómo reaccionar a mi pérdida. Decidí pensar qué hacer para ayudarme, qué pasos tomaría para procesar lo que había sucedido y no sucumbir a las olas de tristeza. Prácticamente escribí un plan. Octubre sería mi mes de aflicción y cumpliría lo más posible de mi plan como fuera posible durante ese mes. No que mi aflicción estaría "terminada" o que nunca más pensaría en el bebé después de esto, pero era una línea de tiempo para trabajar en mi aflicción y alejarme de ella.

Un plan de aflicción es diferente para cada individuo. No hay reglas, bosquejos, lineamientos, ni supuestos. Otras personas pensarán que las cosas que alguien elige son locas o inapropiadas. No hay problema con eso.

Algunas de las decisiones que mi esposo y yo tomamos fueron muy rápidas, por necesidad, a principio de nuestro proceso de duelo. Tuvimos la opción de ver el cuerpo del bebé y decidimos hacerlo. Luego, teníamos que decidir qué hacer con el cuerpo; cremamos al bebé y conservamos las cenizas. Tuvimos un servicio memorial con unos pocos amigos.

Mi plan de aflicción era un esquema para mi recuperación mental. Mi primer paso fue escribir todo lo que pasó para así sacarlo de mis pensamientos y no repetir más la historia en mi cabeza. Planifiqué hablar con mis hermanos y mi hermana sobre el tema del aborto. Como hubo complicaciones médicas significativas que añadían a mi trauma, necesitaba desenredar la parte médica. Planifiqué leer sobre el aborto y hablar con personas conocedoras del tema. En mi plan, anticipé situaciones difíciles, como el ver a personas que no sabían que nuestro bebé había muerto. Sabía que después de una pérdida, la gente es más vulnerable a la enfermedad, problemas de comida e insomnio, así que parte de mi plan incluyó la práctica de buenas bases de cuidado de la salud como buen sueño, suficiente ejercicio y nutrición apropiada. Era un buen plan.

Hubo un punto en mi proceso de aflicción que fue en especial útil para mí: el tiempo que dediqué a procesar lo que había sucedido. Creo que parte de toda aflicción envuelve esto —recontar la historia y manejar los eventos que llevaron a la muerte o la pérdida—.

Lo más satisfactorio es cuán beneficioso fue mi plan. Sentí una sensación de alivio de inmediato. Me sentí más fuerte y en control, menos vulnerable y no tan emocional. Con el tiempo, me acerqué más a los miembros de mi familia. Nuestro matrimonio se fortaleció. Para cuando se completó el plan, me sentí más segura de mí misma en todas las áreas de mi vida.

Esto no quiere decir que mis problemas desaparecieron de la noche a la mañana. Tomó tiempo. A veces me sentía insegura y aun incompetente en mi trabajo y mi vida personal. Hubo un período cuando tuve dificultad para tomar decisiones y poner límites. A veces mis emociones estaban a flor de piel —especialmente cuando enfrentaba situaciones inesperadas—. Una mujer en mi clase de ejercicios, por ejemplo, me preguntó inocentemente cómo había sido mi verano, y yo rompí en llanto. Pero estaba recobrando mi sentido de identidad.

Una buena recuperación sucede mejor en comunidad y con apoyo. La gente nos escribió notas, nos ofreció palabras de consuelo y bondad, y nos compartieron sus propias historias de abortos espontáneos y muertes de infantes. Entendí por qué los amigos traen comida después de una muerte; además de dar alimento a la persona para que no la tenga que preparar, es algo calientito y nutritivo y representa el cuidado de toda una comunidad. Unas cuantas personas enviaron plantas florales que todavía florecen, representando la vida y la esperanza. Y muchos ofrecieron oraciones, lo que me dio todo un nuevo entendimiento de lo que representa una oración. No tenía interés en orarle a Dios, para nada —estaba muy aturdida y muy enojada, pero sabía que la gente estaba orando por mí—. No podía ahogarme en mi aflicción porque estaba siendo sostenida por encima de las olas por toda una comunidad de personas.

Abril 26 de 1991: notas de un diario

Jorie Miller

Viernes. El primer día de lo que hubiera sido la undécima semana. No llegamos tan lejos. Tarde el martes, temprano el miércoles, las manchas que habían comenzado la noche del lunes se tornaron en sangrado y calambres. El bebé no está. Es viernes, el tercer día de duelo. El viento mueve las viejas ventanas de madera. Los pájaros hacen coro en un árbol cercano. Le pedí a Rose que aumente la temperatura. No es un día cálido, aunque los árboles, arbustos, están rebosando de vida verde. Keith está luchando con las ardillas que no dejan en paz las semillas de brécol y arvejas recién plantadas.

Amo las flores. Las dos rosas rosadas en el florero son de Sarah y Carol. Una planta de crisantemos de nuestras vecinas Patty y Michelle. Las exóticas y hermosas aves del paraíso, fragancia de eucalipto, también, de mi hermana Vicky. Dave y Carolina vinieron brevemente con sus condolencias. Traen condolencias de comida —vino francés, quesos, galletas y mermeladas—.

Siento un deseo intenso de estar cerca del agua. Ríos o corrientes que me laven todo mí cuerpo; por debajo, alrededor y a través de mí. Ver y oír agua en movimiento. Fue un río lo que fluyó de mí. Chorros de agua y sangre. No lloré mientras sucedía. Sentí que tenía un trabajo que hacer. Los calambres me hicieron plañir y respingar. Mantuve mis manos sobre mi vientre. Su calor parecía aliviar la tensión.

Y ahora, este sentimiento de . . . qué, ¿muerte?, ¿vida? Recuerdo los días después del nacimiento de Rose. Estaba eufórica. Luego, como ahora, sentí ser el centro de atención. Entonces, como ahora, sentí golpes de calor, estaba solloza. Pero esto es acerca de pérdida. El útero donde coloqué mi mano está vacío, no porque una criatura ha salido al mundo, sino porque una vida ha regresado al universo.

Pero no estoy perdida. Estoy aquí en mi vida. En este mundo lleno de una alegría primaveral. No puedo evitar notar tres flores colgadas de su tallo. Y mi tristeza es pura.

Mi bebé de junio

Sherri Rickabaugh

No sé cuándo se estrecha una relación, pero conmigo, sucedió en el momento en que supe que estaba embarazada. Fue un sentimiento tan poderoso difícil de confinarlo con palabras —amor intenso, sobre protección, alegría, admiración—. Me sentí bendecida y sabía que podría superar cualquier obstáculo por el bien de mi bebé.

Sin embargo, el gozo no duró mucho tiempo. Días después de enterarme del embarazo, empecé a manchar. Durante la siguiente semana viví con temor, rogándole a Dios que me permitiera tener este niño, y rogándole al niño en mi vientre que no me dejara. El doctor me dijo que no había nada que pudiera prevenir un aborto espontáneo. De todas maneras yo permanecí en casa, en cama. Tal vez si me quedaba en un solo sitio y no me movía mucho, quizás el bebé viviría. Me forcé a comer alimentos nutritivos; leí libros llenos de inspiración y fe; y también oré.

Pasó lo inevitable, pero aún así me resistí. Si hubiera podido empujar ese perfecto embrioncito de ocho semanas de vuelta dentro de mí, lo hubiera hecho. Al bautizar a mi bebé, memoricé cada rasgo. Era muy temprano para notar su sexo, pero sentía que era un niño.

Más adelante, en la sala de emergencias del hospital después del D&C, desperté al sonido del llanto más dolido que hubiera escuchado. Oí al doctor decirle a mi familia que llorar era la reacción más común y luego me tocó en la pierna. Me di cuenta que yo era la fuente de tan triste sonido. Me sentí como un cascarón vacío —no quedaba nada dentro de mí—.

Ese vacío permaneció conmigo por mucho tiempo. El padre del niño apenas dijo: "No estaba para ser", y no volvió a hablar de ello. Otros en la familia me decían que los problemas en el embarazo sucedían y que luego podríamos tener otros hijos. Sus intenciones eran buenas, pero sus palabras no me consolaban. Perdí un bebé, un ser que ayudé a crear y amaba. La pérdida por aborto espontáneo no es una muerte reconocida en nuestra sociedad, así que aprendí a consolarme en privado.

Mi hijo hubiera cumplido diez años este junio. Nunca me olvido de su cumpleaños y me permito soñar despierta sobre cómo hubiera sido en cada edad. Cuando voy a los juegos de pelota, conciertos de música, dramas escolares y otros eventos para niños, me pregunto en qué hubiera participado él. ¿Le hubiera gustado el zoológico, el circo, la música, los insectos, la poesía? Cada Navidad pienso en lo diferente que hubiera sido mi vida si él estuviera vivo. Cada día de la madre pienso: "Si tan sólo mi hijo hubiera vivido".

Dos hijos

Natalie Magruder

Perdí dos hijos por abortos espontáneos. Mi tristeza y duelo comenzó el 21 de octubre de 1992.

Durante tres años mi esposo y yo hablamos de comenzar nuestra familia, pero como estaba en la escuela de enfermería pensamos que debíamos esperar hasta que obtuviera mi título en mayo de 1994. Pero la espera era insoportable. Envidiaba cada amiga y mujer embarazada que veía, así que en junio de 1992 decidimos no esperar más.

Supe que estaba embarazada en agosto. Con emoción compartimos la noticia con la familia y las amistades. Las primeras once semanas permanecí cansada y corriendo al baño con frecuencia, pero no tenía náuseas o vómitos del embarazo. Todo parecía perfecto y estaba ansiosa por acudir a mi primera consulta prenatal. Mi hermana mayor, que estaba esperando gemelos, me dijo que era una tontería pues el doctor no me diría mucho tan temprano en el embarazo. Le dije que sólo quería que el doctor me confirmara mi sensación de que el embarazo iba bien.

Todo estuvo bien en la consulta, pero el doctor quería que me hiciera una ecografía para confirmar con exactitud la fecha de la llegada del bebé. Mientras el técnico me examinaba, miré el monitor y esperé que me dijera algo. Ella movió el instrumento y sólo dijo: "Hmmm". Apagó la máquina y dijo: "A veces pasa esto. El bebé debió dejar de crecer. Puedo ver el saco amniótico pero no al bebé". Señaló a la pared, las fotos sobre cómo debía verse un bebé de once semanas. Atontada por sus palabras, ni pude mover mi cabeza para mirarlas. Sentí que la vida se escurría de mi cuerpo. Estaba aturdida y traté de decirme que esto no estaba pasando. Mi esposo trató de abrazarme y consolarme, pero yo lo aparté de mi lado. "¿Cómo puedo estar embarazada y mi bebé no estar ahí?" Después de lo que parecieron horas, nos reunimos con el obstetra en su oficina. Él estaba apenado y nos dijo que podíamos optar por un D&C o esperar a que mi cuerpo expulsara espontáneamente al bebé. Quería terminar con esto, así que acordamos una hora para la mañana siguiente.

Estaba atemorizada, herida y abrumada. Antes del procedimiento, le pedí al doctor que me hiciera otra ecografía para asegurarme que el bebé no tenía vida. Allí se mostraba el saco embriónico que no se detectó el día anterior, pero el bebé todavía estaba invisible. Por esta razón, el doctor quiso esperar otra semana antes del D&C —por si acaso—. Regresamos a la casa sin saber si debíamos llorar por nuestro bebé o albergar esperanzas. Una semana más tarde la ecografía confirmó la muerte del bebé y, con mi esposo a mi lado, pasé por la experiencia más traumática y dolorosa de mis veintiséis años de vida. No sé qué fue peor, el dolor físico o el emocional.

Nuestro doctor nos alentó a esperar un mes y tratar otra vez. Como esta situación era común, él sentía que la próxima vez funcionaría. Después de la pérdida, escuché frases típicas bien intencionadas de amigos y familiares: "Son jóvenes, pueden intentarlo nuevamente", "Así tenía que ser; tal vez había algo malo con el bebé", y "Menos mal que sólo tenía once semanas. Imagínate qué terrible hubiera sido si hubiera tenido seis o siete meses". Todos estos comentarios me hacían sentir peor. Traté de ignorarlos y mantuve en silencio mis sentimientos. Luego participé de un grupo de apoyo llamado Brazos Vacíos, para ayudarme a manejar la pérdida.

Me afectó mucho encarar la realidad de no estar embarazada. Me afectaba mucho que un día estaba embarazada y al siguiente ya no. Un día estaba mirando ropa y muebles de bebé con esperanzas y sueños para mi niño por nacer. Al día siguiente la ropa y los muebles no me pertenecían.

Quería embarazarme otra vez, así que intentamos concebir una vez más. En diciembre me tomé una muestra de sangre y no hallaba el momento de saber los resultados. Estaba eufórica cuando me dijeron que los resultados eran positivos. Llamé a mi esposo y le dije que estaba embarazada y planificamos decirles a nuestros familiares en Navidad. Pero nuestra emoción terminó cuando comencé a manchar al día siguiente. Llamé a mi doctor. Me dijo que no me preocupara y que viniera para hacerme otra prueba de sangre. Así que en Nochebuena, mi esposo y yo fuimos al hospital y me sacaron sangre. Tres horas más tarde el doctor nos llamó para decirnos que la prueba de sangre indicaba que perderíamos al bebé.

Mi doctor recomendó esperar hasta el lunes después de Navidad para tomar más muestras de sangre, pero no aguanté hasta la consulta. El sábado comencé a sangrar. En cierto sentido me sentí aliviada que el proceso estuviera pasando espontáneamente y esperaba librarme de otro D&C. El sangrado fue tan intenso, sin embargo, hubo necesidad del D&C para detener la hemorragia. Una vez más estaba desesperada y llena de tristeza.

Han pasado cinco meses desde mi última pérdida. Decidimos no intentarlo hasta que nos hicieran pruebas que nos indicaran las posibles causas de las pérdidas. He ido a dos especialistas, uno en mi ciudad y otro en la escuela de medicina. Determinaron que mi esposo y yo tenemos un problema inmunológico y hemos recibido tratamiento para ello. Ya nos dieron el visto bueno para intentar otro embarazo. Estoy asustada, pero no lo suficiente como para evitar soñar y esperar realizar mi sueño de ser la madre de un hijo con vida.

Cuando perdí a mi bebé

Lisa A. Harlan

Después de tres años de matrimonio, mi esposo y yo sentimos que estábamos listos para tener un bebé. Leí cuanto artículo y libro pude encontrar sobre cómo lograr un embarazo. Después de nueve meses de anotar mi temperatura basal del cuerpo, coordinando intimidad en mis días fértiles, y recibir cinco resultados negativos de pruebas de embarazo, le compré a mi esposo tres pares de calzoncillos cortos. Quedé embarazada en dos semanas. Estaba emocionada; Mike estaba aliviado.

Diez semanas más tarde, el viernes 27 de enero de 1990, sentí calambres leves y ocasionales. Esa semana fui al doctor. Después del examen pélvico, me dijo que el bebé tenía apenas el tamaño de uno de ocho semanas. Tenía diez semanas, sabía que algo andaba mal, pero no entendía lo que el doctor decía. Le pregunté si sería que el bebé iba a ser pequeño. Él dijo que el bebé había dejado de crecer hacía dos semanas. Aún así, yo seguía pensando: "El bebé está creciendo. Sólo que es más pequeño que la mayoría".

Los calambres continuaron durante el examen. Como no había sangrado, el doctor trató de ser optimista. Luego me dio una cita para regresar el lunes en la mañana. Quería hacer una ecografía para verificar si el bebé todavía estaba vivo. Dijo que si algo pasaba durante el fin de semana debía llamar al doctor de turno.

Empecé a llorar antes de llegar al auto y lloré todo el camino a casa. Le dije a mi esposo, y aún tan molesto como estaba, trató de mantener la calma. Dijo que no debíamos preocuparnos todavía pues los calambres podían calmarse. Dijo que si perdíamos al bebé, lo intentaríamos otra vez. Él trataba de ayudarme, pero yo no quería otro bebé. Yo quería al bebé que estaba dentro de mí. Había pensado en su vida: a qué guarderías y escuelas iría, quiénes serían sus amigos. Mike estaba tan molesto como yo, pero alguno tenía que mantener control. Yo no pude; me fui a la cama y allí me quedé.

Todavía estaba en cama a la mañana siguiente cuando comenzó el dolor muy dentro de mí —fuerte, calambres agudos, más cercanos y fuertes que los calambres menstruales—. Después empecé a sangrar. Llamé a mi hermana. Ella había tenido tres pérdidas, así que no trató de darme ánimos de manera optimista. Después de contarle lo que había dicho el doctor el día anterior, ella fue sincera. Me dijo que permaneciera en cama y que el bebé quizás había muerto en la octava semana.

Cuando llamé al doctor de turno, dijo que no me preocupara. También me dijo que permaneciera en cama y quizás el sangrado se detendría. Parecía inútil, pero regresé a la cama. Los calambres se agudizaron. Llamé otra vez. Me dijo que siguiera recostada. El sangrado era muy copioso para permanecer en cama, así que me senté en nuestra tina vacía. El dolor se hizo insoportable, pero rechacé tomar aspirina. Evitaba dañar al bebé. Sabía que las oportunidades eran mínimas, pero si el bebé vivía, no quería que lo afectara ningún medicamento. La parte sensata de mí sabía que ningún pequeño feto podía sobrevivir estas contracciones tan fuertes.

Un rato más tarde llamé a mi madre y le dije que estaba perdiendo al bebé. Llamé otra vez a mi hermana en busca de consuelo y me dijo que lo sentía. Esa noche tendrían una fiesta sorpresa por su trigésimo cumpleaños y todo el día pensaba si me la perdería; era más fácil para mí pensar en problemas superficiales que pensar en la muerte de mi hijo.

Después de la tercera llamada al doctor, me dijo que nos encontráramos en la sala de emergencias. Mi esposo estaba viendo un partido de fútbol. Traté de ser valiente y actuar como si todo fuera a estar bien. Como parecería muy serio, no quise que me llevara al hospital. Manejé yo. La enfermera de emergencias fue muy gentil. El doctor confirmó mi pérdida y recomendó un D&C en caso que quedara algo del feto. Todavía tenía esperanzas de que se hubiera equivocado. Él insistió que ese no era el caso. Llamé a mi esposo y él vino de inmediato.

La operación fue horrible. El personal médico hablaba de sus asuntos personales mientras el doctor aspiraba ruidosamente lo que quedaba de mi hijo en mi matriz. No había conocido el luto antes. Ningún ser amado había muerto antes.

Al día siguiente estábamos celebrando la fiesta del Super Bowl en la casa. Estaba vestida pero me sentía muy débil. Aún exhausta y adolorida, intenté comportarme de la manera más normal. La mayoría de los invitados eran amigos de Mike y no los conocía bien. Mike les había hablado acerca de la pérdida que habíamos sufrido antes de que llegaran. Una mujer se sintió avergonzada porque trajo a sus dos hijos pequeños y me preguntó si sus niños me recordaban mi pérdida. Le dije que no me molestaba y que amaba los niños. Creo que todavía no había sopesado la pérdida de mi embarazo. No sentía nada.

Regresé al trabajo el martes y me concentré en hacer lo necesario para no sentir nada. Lo conseguí por dos días, pero el jueves empecé a sangrar. Traté de ignorarlo pero fue imposible. No tuve otra alternativa que pedir permiso a mi supervisor para una licencia corta. Él me dijo que me quedara en casa hasta el lunes. Me quedé en cama por tres días. Mi cuerpo necesitaba el descanso, pero la inactividad me torturaba. No podía hacer otra cosa que pensar en el bebé. Estaba muy deprimida como para intentar leer o ver televisión. Miré el techo por tres días y tres noches y lloré. Mi esposo se sentía impotente y confundido. Él pensaba que yo estaba sanando porque había actuado bien en los días subsiguientes a la operación.

Lloré todos los días. Las sesiones de llanto me agotaban hasta el punto en que me cansé de sentirme cansada. Hice un esfuerzo y limité mi llanto a una hora en la tarde antes de que mi esposo regresara del trabajo. Después de que pasaron unas cuatro o cinco semanas no lo necesité más y dejé de llorar. Empecé a leer todo el material podía encontrar sobre abortos, No era mucho lo que había disponible. Una compañera de trabajo que había tenido dos abortos me prestó un libro que me ayudó. Poco a poco sentí que

sanaba. Mi esposo siempre me apoyó y entonces tratamos de concebir nuevamente. Cuatro meses más tarde estaba embarazada.
Nuestra hija nació trece meses después del aborto. Todavía pienso en el bebé que perdí y espero nunca más perder otro hijo.

Laura: una niñita con un traje rojo

Beth Lamsam

Recuerdo el sueño. Estamos en el funeral de mi abuelo. Mi esposo y yo caminamos a la tumba desde nuestro auto. Estoy llevando a nuestra hija —una niñita en un traje rojo, tan grandecita como para caminar—. Se suelta de mis brazos y corre por la pradera hasta la tumba. Al escurrirse por la verja su traje se enreda en los cables. Al correr para alcanzarla, se me escapa dejando unas hebras rojas en los cables y cae en el hueco.

Por casi dos años y medio este sueño me ha despertado muchas noches con lágrimas en los ojos. La primera vez fue la noche que regresé del hospital a la casa, después de mi primera pérdida.

Mientras estaba con licencia de enfermedad tras mi primer aborto, leí un artículo en una revista; en él, un doctor decía que las mujeres que pierden embarazos en el primer trimestre no sentían dolor o pérdida. Decía que no consideraban el embarazo como real. ¿Qué sabía él? Nosotros habríamos llamado a la bebé Laura si hubiera sido una niña.

La segunda vez que aborté, no hubo complicaciones. No hubo hospitalización, ni cirugía, ni licencia de enfermedad —sólo unas cuantas visitas a la oficina del doctor—. Estaba embarazada. Había un poco de sangrado, como los calambres de la menstruación; y luego, dejaba de estar embarazada. Había pasado silenciosamente. No le había dicho a nadie que estaba embarazada, así que no tenía a quién decirle algo diferente.

Pero el sueño recurrió cada noche durante las siguientes semanas. Y trajo consigo los temores: ¿Y qué si yo nunca puedo tener hijos? ¿Querría embarazarme? ¿Podría enfrentar el tratar de tener esperanza, sabiendo que podría terminar en pérdida y dolor?

La tercera vez que aborté fue durante una tormenta de hielo en marzo de 1990. Ésta fue muy similar a la segunda. Sin complicaciones, sólo ese sentimiento de tristeza y vacío.

He leído que los abortos espontáneos en el primer trimestre son la forma que la naturaleza utiliza para deshacerse de un embarazo en el que algo ha resultado mal. Al acostar a mi hijo y a mi hija esta noche, pienso en una niñita con un traje rojo y me pregunto qué resultó mal y por qué.

Señales

Freda Curchack Marver

Mi esposo y yo estábamos tratando de tener un bebé durante dos años cuando soñé que mi hermana Trish estaba embarazada. Estaba recostada en la cama sin moverme. Era la primera vez que consideraba que ella pudiera tener otro bebé antes que yo.

Trish es más joven que yo y siempre he hecho las cosas primero. Todas aquellas cosas que marcan el crecimiento: empezar la escuela, usar maquillaje, empezar a salir con chicos, sacar la licencia de conducir, graduarnos. Nuestros padres hacían mucho alboroto por todo esto. Cuando le tocó el turno a mi hermana, ya no había mucha fanfarria. Había deseado que Trish se casara antes que yo para que tuviera la emoción de ser la primera en algo. Podía ser posible, pues ambas teníamos noviazgos serios. Me sorprendió cuando Trish me dijo que me dejaba ir primero para que Mami y Papi ya hubieran descifrado todas las fallas para el momento que le tocara su turno. El viejo patrón triunfó. Me casé antes que ella y mi primer hijo nació antes que el de ella.

Durante el sueño, Trish no estaba lista para tener más hijos. Pero el sueño me hizo reconocer que aunque mi esposo y yo llevábamos algún tiempo tratando de concebir, Trish podía tener otro hijo antes que yo. El sueño me avisaba tiernamente del choque y el dolor que podría sentir, dándome tiempo para prepararme para esa posibilidad.

El primer hijo de Trish nació al tiempo que mi esposo Jon y yo empezamos a tratar de tener nuestro segundo hijo, antes de que supiéramos que teníamos un problema de infertilidad. Trish vivía fuera de la ciudad, y mi hija Denise y yo, volamos para ayudarle a cuidar de su bebé.

Tuvimos un tiempo maravilloso con el recién nacido Gabe. No había pasado mucho tiempo con un infante desde que mi hija nació y me sentí un poco voluble pensando en ser madre nuevamente.

Denise, de dos años de edad, disfrutaba ayudar a cuidar de su primito —corriendo a su cuarto cuando despertaba de su siesta, dándole su mamadera con cuidado, acariciándolo cuando estaba acostadito en sus piernas—. Ella sería una gran hermanita mayor.

No quedé embarazada el mes después de regresar. Ni el siguiente mes ni el siguiente ni el siguiente. Consultamos al doctor y supimos que aunque no habíamos tenido problemas para tener a Denise, ahora éramos infértiles. La pesadilla comenzó . . . con tratamientos invasivos, operaciones múltiples, y esperanzas deshechas una y otra vez.

Tres años después del sueño, Trish estaba embarazada. Estaba contenta por ella y optimista de mi habilidad en ser madre nuevamente. Los recientes resultados de los exámenes se veían mejor. Habíamos tenido una inseminación la semana anterior y en unos cuantos días me harían una prueba de embarazo para saber si había surtido efecto.

Esos días pasaron y mis padres llamaron. Era la primera vez que hablábamos desde que supimos del embarazo de Trish. Le preguntaron a Denise, de siete años, si estaba contenta de ser la primita mayor otra vez. Denise les dijo: "Si, pero eso no es todo". Hubo silencio en la línea. Mis padres fueron inteligentemente indirectos: "¿Qué más? ¿Qué más vas a ser?" Denise quería demorar esto lo más que ella pudiera. Ella había esperado por mucho tiempo para decirle a la gente esta noticia. Sonriendo y riéndose, jugaba con el cordón del teléfono en su mano. Jon y yo le hicimos señales desesperadas con las manos de que continuara. Finalmente, ella habló: "No sólo voy a ser prima, voy a ser hermana". Mis padres gritaron. Denise se rió. Jon y yo lloramos.

Cuando le dije a Trish de mi embarazo, ella reaccionó como mis padres habían reaccionado; emocionada y aliviada. Todos estaban preocupados de cómo tomaría su embarazo, pues sabían que Jon y yo habíamos estado tratando de tener otro hijo. Ahora, yo también tendría un bebé. Todas las piezas estaban encajando en su lugar.

No podía creer que mi hermana y yo estuviéramos embarazadas a la vez. Sería emocionante vivir el embarazo paralelo —supervisando aumentos de peso, comparando cuando sintiéramos los primeros movimientos, hablando de sentirnos con calor e incómodas en el verano—. La fecha de espera de Trish y la mía tenían sólo diez días de diferencia. Los primos serían cercanos en edad.

Luego, en esa semana, perdí a mi bebé.

No pensé mucho en Trish durante ese tiempo. Era bueno que ella viviera fuera de la ciudad; no quería estar con ella en los días y semanas después de perder mi embarazo. Estaba atontada, sin saber qué sentir. Sin embargo, la emoción de estar embarazada permaneció conmigo por un tiempo. Estaba dolida de haber perdido el embarazo, pero optimista, porque después de cinco años de intentos, habíamos concebido. Había esperanza.

Ví a Trish varios meses más tarde cuando todos viajamos a la casa de mis padres para una reunión de celebración. Estaba nerviosa de cómo reaccionaría cuando la viera por primera vez. La oí llegar y llegué a la puerta justo cuando ella entraba, resplandecientemente embarazada. Debajo de la blusa de maternidad, su abdomen tenía ese maravilloso bulto. Sin duda estaba encinta. Y yo no lo estaba. Mis piernas se debilitaron y no estaba segura que pudiera mantenerme en pie.

Antes de ver a Trish, mi pérdida parecía casi irreal. Era flotante, efímera, difícil de definir. No sentía necesidad de gritar: "¡mi bebé, mi bebé, mi bebé por nacer!" Cuando lo perdí, ni siquiera me había sentido físicamente embarazada. No había aumentado de peso, mi figura no había cambiado, y obviamente no había sentido ningún movimiento. La experiencia fue más como una menstruación regular que la pérdida de un bebé. Incluso le pregunté al doctor: "¿de veras estaba embarazada?" Él me aseguró que sí y dos pruebas lo confirmaban. Sin embargo, de no haber sido porque estaba tan pendiente de mis ciclos por los tratamientos de infertilidad, no me hubiera dado cuenta de que sí lo estaba.

Para mí, el aborto no fue el proceso físico de mi cuerpo expulsando un feto. Era una serie de imágenes: pidiéndole a una amiga que recogiera a Denise en la escuela porque yo estaba esperando hablar con el doctor; localizando a Jon en una reunión de negocios fuera de la ciudad; oyendo a Jon decir que regresaría a casa de inmediato para estar conmigo; sentada en la mesa de la cocina a las ocho de la noche aquella noche, cuando el doctor finalmente devolvió la llamada para decir que la cantidad de sangre que había perdido no era inusual para el comienzo de un embarazo, pero que debían vigilarme.

Las imágenes continuaban: pasando días en cama pues el sangrado se intensificaba a un chorro profuso; quedándome tan quieta como podía para salvar el embarazo; jugando solitario hasta que las puntas de mis dedos estaban lastimadas de tanto manejar las cartas; teniendo una ecografía; oyendo al doctor decir que no había señal del embarazo; entonces yéndose del cuarto para que Jon y yo pudiéramos llorar en privado.

Las imágenes terminan diciéndole a la gente acerca del aborto y sus voces acallándose; yo sin saber qué decirles y ellos sin saber qué responder; diciéndole a mi Denise de siete años y ver su carita confundida y preguntar: "¿Tu barriguita se va a poner grande y redonda de todas maneras?"

Mi aborto era abstracto. Había perdido parte de un sueño, algo de confianza en mi cuerpo. Era raro, pero no sentía que hubiera perdido un bebé.

Pero Trish era un recordatorio tangible, la personificación física de lo que había perdido. La vi y me di cuenta: "Así me debía estar viendo si no hubiera perdido a mi bebé".

La abracé, pero desde el lado. Traté de poner mis brazos alrededor de sus hombros y besar su mejilla, pero fracasé. Sintiendo la firmeza de su embarazo contra mi lado, quise apartarme de su lado. Tan pronto como pude, me excusé y me fui a otro cuarto, cuidadosa de que no viera mis lágrimas.

Los días siguientes no fueron tan terribles. No hablamos de mi aborto y tampoco hablamos del embarazo de Trish. Ni siquiera Denise dijo mucho, excepto un comentario ocasional de cuán afortunado era Gabe que tendría un hermano o hermana. Le dije que entendía cómo se sentía y esperaba que ella también tuviera uno pronto.

Una tarde salí a hacer una diligencia con mi madre y nos encontramos con una de sus amigas a quien yo no había visto en años. Me saludó cariñosamente y me dijo: "Dime, ¿cómo va tu embarazo?" Quedé anonadada y no pude responder. Mi madre intervino: "Trish está embarazada". Su amiga continuó: "Oh, yo pensé que tú estabas embarazada también. Espera, ¿no me dijiste que Freda y Trish estaban . . ." Ella se detuvo. La miré por encima de sus ojos para no tener que hacer contacto. No oí lo que pasó después. Sólo quería desaparecer. Mientras caminaba hacia el auto, mi madre trataba de alcanzarme, tratando de explicarme y excusándose una y otra vez. Estaba tan herida y tan enojada que no podía escucharla.

Estaba sorprendida que ella le hubiera dicho a alguien que estaba esperando un bebé, siendo que estuve embarazada por tan poco tiempo. De repente me sentí vulnerable. ¿A quién más le había dicho? ¿Sabrían también del aborto? ¿Con quién nos tropezaríamos más adelante, y qué sabrían de mí?

Mientras manejábamos a casa, ella seguía excusándose. Se sentía mal. Se había esforzado a través de los años de mantenerse al tanto de cómo iban mis tratamientos de infertilidad, enviándome información que creía me podría ser útil. Aunque a veces percibía sus cuidados y esfuerzos por ayudarme como una invasión de mi privacidad, estaba agradecida por su preocupación. Esto, sin embargo, no compensaba por lo que ella acababa de exponerme, aunque no había sido con malas intenciones. Ella quería que la perdonara, que la consolara, que le dijera que estaba bien. Pero necesitaba ese consuelo para mí y no tenía la energía de dársela.

Mi madre me rogó que entrara a la casa, pero ni me moví. Quería hacerme sentir mejor, pero yo necesitaba sentarme con mi dolor. Ella trató de cambiar el tema. Yo no. Entonces me aconsejó. "Trish y yo estábamos hablando. Pensamos que tal vez sería bueno que dejaras el trabajo. Tal vez esto ayude".

Estaba lista para explotar. "¿Qué derecho tienen ustedes dos de hacerme tal recomendación? ¿Por qué renunciar a mi trabajo ayudaría? El no quedar embarazada no tiene que ver con el estrés. Es por un problema fisiológico".

"Yo sé, yo sé. Pero pensamos que te sentirías mejor si renuncias".

"Me estoy sintiendo inferior por no poder concebir otra vez. ¿Y tú me dices que renuncie a mi carrera? ¿Algo que me hace sentir productiva cuando me siento tan improductiva en mi vida personal? ¿Por qué querría hacer esto?"

"Era sólo una idea", me dijo.

"Mira, yo sé que tienes genuino interés en mi bienestar, y lo aprecio. Pero, ¿por qué no me preguntas cómo me siento en lugar de decirme qué debo hacer?"

"Porque cuando te preguntamos, pareciera que no quieres hablar de ello. Nos apartas de tu lado".

Esto me aturdió, haciendo las cosas más claras y más confusas a la vez. Ella tenía razón. La infertilidad es algo tan personal que no soporto que nadie se entrometa. Por otro lado, quiero que me apoyen. Quiero que sepan lo que está pasando, pero no quiero ser yo quien les diga. Pero si no lo hago, ¿quién lo hará? ¿Por qué soy yo quien está sufriendo, y a la vez quien debe tomar las riendas? ¿Por qué estoy necesitando privacidad con tanta desesperación, y a la vez debo decirle a los demás qué hacer? ¿Por qué me siento tan segura de que no estoy teniendo el apoyo que necesito, y a la vez no sé ni qué quiero ni cómo conseguirlo?

Pero este era un mal momento para manejar estos conflictos. Necesitaba cuidarme, no culparme por mi aflicción. Mi infertilidad y el aborto estaban fuera de mi control. No podía hacer nada para cambiar la realidad de que mi hermana estaba embarazada y yo no. Pero podía decirle a mi madre que había cometido un error al no avisarle a su amiga de mi pérdida. Eso era algo que podía señalar, y justo o no, quería culpar a alguien por lo mal que me sentía.

Ejercité el poco control que tenía y le dije a mi madre que necesitaba estar sola. Me dio un apretoncito en el brazo, abrió la puerta y salió. Estuve sentada un largo rato en el auto caliente. Saqué mi cabeza fuera de la ventana, cerré mis ojos, y dejé que la brisa secara mi rostro lleno de lágrimas. Mis lágrimas dejaron líneas frías, secas y quemantes en mis mejillas.

Cuando el hijo de Trish, Kyle, nació cinco meses más tarde, volé a ayudarla. Estar con el bebé era difícil, pero no quería que la infertilidad controlara mi vida. No quería que la gente dijera: "Está tan ensimismada con sus problemas que ni puede estar con otros bebés". Quería probarme que era fuerte, y quería que los demás lo vieran también. Algún día tendría un bebé y Trish vendría a ayudarme, me seguía diciendo, así que quería estar con ella ahora.

Ya estaba usando con destreza mi técnica de manejo de "la caída de la puerta". En situaciones donde tengo que estar con bebés, me imagino una puerta pesada de metal cayendo como una guillotina. Mi angustia sobre la infertilidad queda al lado izquierdo de la puerta. Las cosas que debo superar quedan en la derecha. Cuando las cosas se ponen difíciles, dejo que caiga la puerta y entonces puedo seguir adelante.

Una noche estaba sosteniendo a Kyle, sin estar pensando lo que hacía ni de quién él era hijo. Lo había sostenido tanto esa semana, mientras cocinaba o corría detrás de Gabe o sólo viendo televisión, que se sentía natural tenerlo en mis brazos. Trish se sentó a mi lado y me preguntó cómo iban los tratamientos de infertilidad. Agradecí que me preguntara y reconociera que esto era difícil para mí. Comenzamos a hablar y de repente me sentí físicamente enferma. Sentía a Kyle muy natural en mis brazos. No sabía si estaba abrazando a mi sobrino o fantaseando que era mío. Mi puerta pesada de metal se disolvió. "Toma a Kyle. No puedo sostenerlo más", le dije. No podía mantener ambas realidades en su respectivo sitio.

Trish tomó a Kyle. Le hablé con honestidad de mis sentimientos sobre la infertilidad y ella escuchó. Toda esa semana yo había estado allí para ella. Ahora, ella estaba allí para mí.

Un año más tarde, Trish ya tiene dos hijos y yo todavía tengo una. Gabe y Kyle tienen siete y uno, y Denise tiene nueve. Jon y yo continuamos tratando de tener un bebé.

Los hijos de Trish son sólo mis sobrinos y los amo como los amaría cualquier tía. Pero a veces no puedo evitar pensar en ellos como señales. Gabe marca el momento en que comenzamos a intentar quedar embarazada nuevamente; cada cumpleaños que él celebra me recuerda cuántos años llevo infértil. Kyle marca la edad del hijo que nunca tuvimos. A veces cuando cumple una nueva tradición —gateando, brotándole un diente, o diciendo su primera palabra— pienso en el sueño agridulce de primos con sólo diez días de diferencia.

Grace

Betty Davids

Mi doctor entró al cuarto de exámenes y tenía una extraña expresión en su rostro. "Sí, Betty, estás embarazada", dijo. Entonces me dijo que esto era problemático porque todavía tenía el IUD puesto. Podía hacerle daño al bebé. Se preguntaba si debía terminar el embarazo y me indicó que un gran porcentaje de embarazos con IUD terminan en abortos de todas maneras.

Moví mi cabeza enfáticamente. "No", dije, "no podría hacer eso". Mi esposo y yo ya teníamos tres hijas y tal vez este bebé sería un varón. Le pregunté qué podría hacer para aumentar las posibilidades de llevar el bebé al término y me contestó que viviera con normalidad pues lo que habría de pasar pasaría sin importar lo que yo hiciera.

Casi llegué a los cinco meses de embarazo sin problemas. Una noche, sin embargo, me dolía la espalda más de lo común y no pude dormir bien. A la mañana siguiente mi espalda todavía me dolía. Temprano en la tarde comencé a manchar y me asusté. Mi esposo, un conductor de camión, estaba en la carretera, así que mi hermana me llevó al hospital. Durante veinticinco millas sentí contracciones y me tuve que acostar en el asiento posterior del auto.

Cuando llegamos a la sala de emergencias, me dieron algo para detener las contracciones, pero se había roto la fuente. Muy pronto el doctor me dijo que tendrían que permitir que el bebé naciera; aflicción e impotencia me inundaron. Prometí quedarme en cama y no moverme por el resto del embarazo, pero el doctor me dijo que esto no era posible. Para entonces, mi esposo había llegado y nos abrazamos el uno al otro.

Una de las enfermeras se quedó conmigo mientras nacía el bebé. El doctor me dijo que nuestro bebé estaba muerto; sus pulmoncitos no estaban suficientemente desarrollados para siquiera tomar una respiración. La enfermera tomó la criatura, le arropó en una frazadita, y le sostuvo como se sostiene a una criatura viva. Nunca olvidaré su ternura cuando me mostró a mi bebé, tan perfecta, muy quieta y callada.

Le dijimos al doctor cuán importante era para nosotros saber si era niña o niño para poder enterrar a nuestra criatura con un nombre y no sólo "bebé Davids". Era una niña.

Enterramos a Grace Ann Davids en una refrescante tarde de septiembre en 1984 con su propia lápida en el lote familiar. Me sobrecogí con las bondades de los vecinos a quienes no conocía mucho y mujeres de la comunidad que se me acercaron a contarme sus historias de bebés perdidos y llorados. No tenía idea que fueran tantas.

Seis meses más tarde estaba nuevamente embarazada. Esta vez nació un niño sano, casi un año después de la fecha que hubiera nacido nuestra pequeña Grace. A través de los años, he hablado con mis hijos acerca de Grace, su hermana que murió. Cuando John tenía cuatro años, hizo un dibujo de nuestra familia para su maestra preescolar e incluyó un pajarito en su dibujo. Le preguntó que le explicara y él le dijo que el pájaro era "la bebé Grace, mi hermana".

No importa cuántos hijos tienes antes o después de una pérdida, nada compensa por la pérdida de una criatura. Hubiéramos dado cualquier cosa por haber podido salvarla.

Extractos de cartas: a la Criatura Interior

Jay Lake

4 de junio de 1995

A la Criatura Interior

Hoy supe de tu existencia. Durante una semana o dos pensé que estarías uniéndote a nosotros, pero hoy lo comprobamos para estar seguros. Tu mami se hizo una de estas pruebas de embarazo y la línea que decía que está embarazada era grande, ancha, oscura y púrpura. Lloré un poco; ella tartamudeó por un rato. Hemos esperado por ti desde hace ocho meses.

En febrero pensamos que habías llegado. Susan se atrasó, y ella lo creyó, por un tiempo. Estuve desilusionado cuando tuvo su menstruación y te escapaste de nosotros. Hace poco hablamos de olvidarnos de la idea de que llegaras. No porque no te queramos —te amamos y te amábamos desde antes de concebirte—. Sino porque temíamos que tú no vendrías a vivir con nosotros.

Tu mami es bastante mayor para ser mamá. Ella una vez tuvo un bebé —tu hermano Mark. Eso fue años antes de que yo llegara a su vida. Temíamos que entrara a la menopausia —lo que quiere decir que no tendría otra posibilidad de tener un bebé— antes de que te concibiéramos. Las esperanzas se estaban disipando cuando apareciste.

Cosa graciosa. Mi cumpleaños es el 6 de junio. Hoy, domingo, 4 de junio, tuvimos una fiesta en el restaurante Casa China en Lockhart, donde mi mami, Sarah, vive. (Ella se mudará pronto a Oregon, creo, para que no la conozcas en Lockhart. Pero lo que conocerás como la casa de Vicki es donde ella vive ahora). La fiesta fue divertida —comimos pato a la Pekin, uno de mis platos favoritos—. La fiesta fue hoy, porque tengo que ir a St. Paul por trabajo y estaré fuera de la ciudad para mi cumpleaños. Susan se hizo la prueba esta mañana, sólo por coincidencia. Eres mi regalo de cumpleaños. El mejor que he recibido o recibiré. Puede que seas el regalo de cumpleaños de tu mami. Debes nacer a finales de enero o principios de febrero de 1996, cerca de su cumpleaños.

Ya sabes bastante de mí. Tu nombre será Jade Ariadne Marshall Lake o Mercer Bryant MacInnis Lake. Sujeto a cambio, por supuesto. Cuando leas esto, lo sabrás.

Sabemos en qué cuarto vivirás, por un tiempo. Sabemos quiénes son tus familiares. Sabemos quiénes son algunos de tus amigos. Sabemos que los tres nos mudaremos en algún momento a Oregon para vivir cerca de mamacita Sarah y mi hermana Mary Q. Tal vez tengas primos en esa época. Y sabemos que todos te amarán mucho, mucho.

Te escribo por varias razones. Mis padres se divorciaron cuando era pequeño, de tres años de edad. Crecí sabiendo muy poco de ellos como padres, su relación entre ellos y yo. Los conozco por separado, pero no juntos. No sé bien por qué me tuvieron, o cómo se sintieron, o cómo se sentirían al verme serpenteando y mojado y rojo y arrugado como una ciruelita cubierta de moco húmedo aquél día de junio en el hospital naval en Taiwan. Quiero que sepas que te amamos desde el momento en que Susan y yo soñamos contigo. Si algo pasa, que alguien se vaya inesperadamente, podrás tener estos recuerdos que de otra manera no tendrías.

Quiero recordarme también. Quiero recordar cómo me sentí. Cuando miré el palito plástico, mis ojos se humedecieron y Susan comenzó a dar saltos. Me sentí mareado, atolondrado y atónito. Una línea púrpura cambió mi vida para siempre. Así te conviertas en la primera mujer de Ganímedes, o nunca llegues, Criatura Interior, eres mía ahora y siempre. Se requiere amor, esperanza y sueños para hacer una criatura. Y desde este momento —cuando en tus ojos soy una mancha brillante de tu ser infantil, el padre en quien confías y que nunca te falla, el ridículo desalmado que siempre te abochorna, el viejo en el balcón— en mis ojos siempre serás mi criatura. El sueño que Susan y yo compartimos. Criatura Interior, serás dorada. Algún día leerás esto y sabrás, sin importar lo que pase con los años, que te amo.

Hoy no hago promesas. Voy a escribirte cuando y lo que pueda, Criatura Interior, como el espíritu me lo indique. Eso puede ser un par de cartas en los próximos nueve meses; puede ser un diario consecutivo por los próximos años. Guardo la esperanza secreta de poder contarte la historia de tu vida, algún día. El tiempo y las memorias se borran como el ir y venir del mar. Tal vez estos escritos mantendrán estos momentos para que los compartamos. Todos vamos al mar algún día, Criatura Interior, a la salada oscuridad de donde vinimos. Nuestro mejor momento es levantar otro pez del agua, ayudarlo a cruzar la playa enlodada de la evolución, y ser una mejor persona que nosotros. Eres esa persona y te amo con todo mi corazón y alma.

Duerme bien en tu celda acolchonada. Susan te cuidará muy bien.

Tu Papi

5 de junio de 1995

A la Criatura Interior

Oye, duende. Hoy estuve buscando algo para ti. No por ser materialista, sino quería comprarte tu primer regalo. Te compré una pequeña estrellita de mar amarilla de peluche y un mono plástico para Susan. Mientras compraba ví un hombre en silla de ruedas. Me di cuenta que todos —grande, pequeño, hombre, mujer, todos— fuimos la criatura de alguien alguna vez. Me imagino que esto es obvio, pero doquiera miraba veía la Criatura Interior de alguien más. Alguien fue amado, sólo por existir. Cómo te amo ahora, Criatura Interior, eres esperada con añoranza.

Hoy le hablé de ti a mi papi. Traté de llamarlo ayer, cuando lo supe, pero no contestaron, así que llamé hoy a la oficina. Papi se alegró, pero me preguntó por qué no le había enviado un e-mail. Lo amo, pero a veces su perspectiva es diferente a la mía. Tal como la mía será de la tuya. Buenas noches, Criatura Interior.

Tu Papi

6 de junio de 1995

A la Criatura Interior

Es mi cumpleaños. Estoy pensando en la masa de células que ahora eres tú. Multiplicándose, dividiéndose, un absoluto genio matemático a la quinta semana de gestación. Cada persona que camina empezó como tú. Yo, Susan, todos. Tú. Jade/Mercer, amor de mi vida.

Tu Papi

7 de junio de 1995

Hola, Mi Dulzura

No te dije, pero el lunes Perri Sigfrid dijo que serías una niña. Le pedí prestado un resaltador. Ella escondió uno azul y otro rosado detrás en su espalda y me hizo escoger al azar. Escogí el rosa. Eres lo que eres y te amo.

Te imagino flotando en la oscuridad salina. Eres tal vez del tamaño de mi meñique, tal vez más pequeña, una masa de células con una protuberancia en una extremidad y un hueco en el medio. Una cosita tan pequeña que se convertirá en persona. Mi Pequeña Yemita, ya no estoy solo en el mundo. Amo mucho a tu mami, como la vida misma, pero ella y yo somos hechos de diferentes personas. Sólo en un hijo se tiene un pedazo de uno mismo. Egoísta, lo sé. A veces veo su amor por tu hermano, Mark, y siento un pequeño golpe de celos. Alguien me ama así, pero no tengo alguien a quien amar con ese sentimiento de ascensor cayendo, de corazón y alma. Hasta ahora.

Dicen que nacerás cerca del cumpleaños de Susan. Sería una feliz coincidencia si llegaras ese día. Ella tal vez no siente igual, pero yo sí. Siéntete en libertad de formarte tus propias opiniones en años futuros. Sé que para algunos podría diluir su día de natalicio, ser menos especial, pero para mí sería más que apropiado que las dos personas que más amo en el mundo compartieran ese día. No importa qué día nazcas, siempre lo honraré.

¿Quién eres? ¿Eres dorada, como tu mami? ¿Con fallas, como todos nosotros? ¿Especial, como todos nosotros? Tu futuro es un misterio que no puedo investigar, sólo experimentar. En los cortos días desde que te escurriste en mi vida, he llegado a apreciar y entender a mis padres más que nunca antes. Ese, también, es un regalo que me has dado. Criatura Interior, te agradezco desde el fondo de mi corazón.

Recuérdame siempre, y te recordaré. Sin haber nacido, y te conozco. Tan viejo como viva, serás nueva y desconocida. Mantengamos la fe entre nosotros, para conservarnos especial y aparte uno para el otro. Te amo. Nunca lo olvides.

Tu Papi

8 de junio de 1995

Oye, Grano de Arroz

Susan lo buscó y me lo dijo. Ahora eres del tamaño de un grano de arroz. Hoy le voy a enseñar a ella estas cartas. Sólo quería decirte hola. Estoy cansado. Tú debes estarlo también, con tanto crecimiento. Sigue adelante, pequeña. Te amamos.

Tu Papi

10 de junio de 1995

Querida Criatura Interior

Tengo miedo. Tengo miedo por ti y tengo miedo de ti. Tu salud y seguridad se han convertido en el tema más importante de mi vida. Necesito que estés bien.

Susan empezó a manchar hoy. Quizás es normal, pero ha encendido mi paranoia. Temo que te me estás escurriendo en un pequeño flujo de sangre. Tengo miedo de algo más. Temo al síndrome de Down, los defectos neuro-tubales. Temo que no seas perfecta y saludable. No creo tener el valor y las fuerzas para criar un hijo discapacitado. Criarte ya será difícil si eres normal. Si has sido afectada por nuestros genes y los caprichos de la naturaleza, te amaré tanto como ahora, pero no sé cómo te manejaré. Y no quiero verme en esa posición.

El jueves por la noche, Susan escribió un mensaje en el pizarrón de nuestro baño. Decía: "Comunicación Interactiva desde el vientre: Hola, Papi (firmado) jadmer@eworld.com". Me reí, me reí mucho. Tu mami es tremenda.

Todavía no tienes oídos para escucharme, pero ya te estoy hablando. Le digo a tu mami: "Las amo". A veces susurro en su ombligo, hablándote cosas. Hoy, mi granito de arroz, eres la criatura de mi imaginación. Si pudiera curarte con mi buena voluntad, lo haría.

El mundo es un lugar maravilloso esperando para que lo veas. Me lleno de paz al ver el atardecer, o una rosa. Tú también verás estas cosas. No permitas que mis temores afecten tu crecimiento, Criatura Interior. Sé fuerte como un granito de arroz puede serlo y recuerda que alguien te ama.

Tu Papi

11 de junio de 1995

Mi Criatura Interior

Me temo que te estamos perdiendo. Esta mañana tu mami tuvo que ir a la sala de emergencias del hospital St. David por el excesivo sangrado. Dijeron que su cervix estaba cerrada, así que todavía no te había abortado, pero parecía inevitable. Había sangrado mucho más hoy, aunque parece muy saludable en todo lo demás. Mañana vamos a ver al obstetra para confirmar el diagnóstico y recibir más recomendaciones.

No quiero perderte. Tu vida conmigo recién comienza. Siempre te amaré, aunque te me escurras. Por favor, si puedes, quédate cerca. Mi Granito de Arroz, estoy acumulando mucha aflicción. Trato de ser positivo, para ayudar a Susan y a ti y a mí. El temor y el dolor están muy a flor de piel y tiemblo cuando pienso en cuán cerca estoy de perderte.

El mundo está lleno de lluvia y sol y flores. Debieras vivir para correr por ellas, no ser desechada como una estopa de tejidos. Mi mami dice que si debes irte ahora, es probablemente por alguna buena razón, que no estabas para vivir; necesito que estés saludable y feliz y completa. La lluvia que cae, cae por ti. Las lágrimas que caen, caen por ti. Te amo. Por favor, vive lo suficiente para amarme. Mi corazón te abraza, mi Granito de Arroz. Mantente a salvo.

Tu Papi

12 de junio de 1995

Mi amado Granito de Arroz:

Hoy supe que nos has dejado. Fuimos a la ecografía y no podía encontrar rastros de ti. Te fuiste como la brisa de ayer, que sopló en nuestras vidas y se fue otra vez.

Sé la genética y lo médico de esto, al menos vagamente. No eras para este mundo, o hubieras sobrevivido. Cuando el doctor nos dijo que no había señal del feto, supe que te habías sangrado de nosotros calladamente. Temblé. Extrañarte duele.

Pequeña mía, eres tan real para mí como Susan. Estuviste en mi vida sólo una semana, pero siempre te recordaré. Primer hijo de mi corazón, siempre serás especial. Sé que ninguna parte de ti me conoció, ninguna parte tuya fue grande o compleja para saber o entender, o en última instancia, dolerse. Pero yo sé y entiendo y ahora me duelo por los tres.

Espero que venga alguna otra criatura. Le daremos a él o ella uno de los nombres que escogimos para ti. No porque no te amemos, sino porque te amamos. La próxima criatura será una criatura doble, siempre y para siempre. No te sostendré cuando sostenga el próximo niño como si fueras un fantasma o una amenaza. Pero siempre te veré en esa criatura.

Descansa, mi granito de arroz. Fue maravilloso conocerte y amarte, aunque fuera por sólo una semana. Eres un sueño pequeño, en crecimiento, que nunca llegó a lanzarse. Duerme el sueño del amado y yo soñaré el sueño del amante.

Siempre y para siempre,
Tu Papi

El sonajero

Dianne H. Kobberdahl

Empecé a pensar en tener un bebé en el otoño de 1991. No estoy segura cómo comenzaron los sentimientos, pero fueron muy fuertes. Veía bebés en todas partes y leía con cuidado los anuncios de bebés de amistades y compañeros de trabajo. Era difícil para mí creer que había dicho que nunca tendría hijos porque no quería traerlos a este mundo menos que perfecto.

Tal vez estaba creciendo. Mi esposo Steve y yo habíamos estado casados durante dos años. Habíamos tenido nuestro tiempo para estar solos y conocernos, ambos trabajábamos y estábamos en el proceso de comprar nuestra primera casa. Todas las piezas parecían encajar. El próximo paso sería tener hijos. Después de todo, mi doctor había dicho que creía que toda persona buena y cariñosa debía tener hijos porque nunca sabes si tu hijo es quien va a hacer la diferencia en este mundo.

Dejé de tomar las pastillas anticonceptivas a principios de octubre. Mi primer razonamiento era que ésta me estaba causando problemas físicos. También estaba deseando quedar embarazada pronto. Steve y yo hablamos muy poco de tener hijos; sabíamos que queríamos tenerlos pero no sabíamos cuándo. Acordamos tomar otras precauciones al menos durante tres meses más porque habíamos escuchado que era lo mejor. No teníamos planes de concebir fuera de éstos; decidimos ver qué pasaba.

Una mañana a principios de enero me desperté y sabía que estaba embarazada. Podía sentir el proceso de concepción en mi cuerpo. No le dije a nadie, ni siquiera a Steve. Dos semanas más tarde me hice una prueba de embarazo casera y dio positivo. Tenía una gran emoción y quería saborear estas noticias por mí misma por un ratito. Ahora que lo pienso, la razón por la que no se lo dije a Steve de inmediato fue porque él no estaba muy preparado para esta noticia tan pronto. Decidí decírselo el día de San Valentín y hacerlo una ocasión memorable.

Compré un sonajero, lo envolví y se lo di a Steve como su regalo de San Valentín. Estaba emocionada; Steve estaba confundido. Él no pensó que pasaría tan pronto. Creo que él se alegró un poco, pero también estaba nervioso sobre el inminente cambio en nuestras vidas. Decidimos no avisarles de inmediato a nuestros familiares. Ambos somos realistas; sabíamos que las pérdidas eran comunes y no queríamos ilusionar a todos por si acaso. Le dije a mi mejor amiga que estaba embarazada, pero nadie más sabía el secreto. Era el momento más feliz de mi vida.

Tuve mi primer control prenatal después de ocho semanas. El examen físico estuvo bien excepto que el doctor no pudo escuchar los latidos del corazón del bebé. Sin embargo, me dijo que no me preocupara, que el bebé se estaba escondiendo. Que regresara en una semana y si todavía no podía oír los latidos, me haría un ultrasonido. No estaba muy preocupada. Una semana más tarde no había latidos para escuchar ni latidos para ser vistos en el ultrasonido tampoco.

Me sentí sola en el cuarto de ultrasonidos. Estábamos el técnico, un doctor que ni me conocía diciendo que mi bebé de diez semanas estaba muerto, y yo. Médicamente sería un feto, pero en mi corazón era mi bebé. Nunca había llorado tanto en mi vida. Lloré todo el recorrido hacia el auto y también camino a casa. Casi estaba histérica, especialmente cuando me di cuenta que había dejado las llaves y me había quedado fuera de la casa. Tomé una roca grande del patio y la tiré contra el vidrio de la puerta para poder alcanzar la manija por dentro y abrirla.

No estoy segura de haberme sentido menos sola cuando Steve llegó. Estaba triste por la pérdida, pero parecía un poco aliviado pues no sabía si estaba listo para la responsabilidad de ser padre. Nunca lo vi llorar por la pérdida, pero tal vez lo hizo. Lloré por doce horas seguidas esa noche. Para cuando tuve que ir a hacerme el D&C al día siguiente, estaba demasiado cansada para seguir llorando.

Los siguientes meses fueron terribles. Los familiares y amistades fueron compasivos pero no fueron de mucha ayuda. Ahora me doy cuenta que no había mucho que ellos pudieran decir o hacer que me hubiera ayudado. Yo necesitaba sentirme miserable por algún tiempo. En ese momento no sabía de nadie más que hubiera perdido un bebé, aunque todos me seguían repitiendo cuán comúnmente sucedía. Me cansé de oír esto. Mi aborto pudo ser insignificante para otros, pero no para mí. Una vida estaba creciendo dentro de mí y me había dado felicidad. Fue una pérdida terrible, pero no para los demás.

Mis emociones estaban fuera de control. Todavía lloraba cuando alguien me decía que debía haber terminado con mi luto hacía tiempo. Estaba enojada por la injusticia de perder a un bebé deseado cuando tantos bebés no deseados, no amados eran traídos a este mundo con tanta frecuencia. Estaba enojada con Steve por poner toda su energía en su nueva profesión. Me preocupé y obsesioné con la idea de que nunca podría tener hijos. Me aislé.

Al final decidí ver un terapeuta para que me aconsejara. Me dijo que siguiera en duelo por el tiempo que necesitara, no el tiempo que otros creyeran suficiente. Me animó a escribir una carta y despedirme de mi bebé. Me permitió llorar y hablar de mi pérdida. Sus consejos me ayudaron a concluir toda esta situación.

Cuatro meses después quedé embarazada y llegué a término exitosamente. Ahora, poco más de un año después, tengo un niñito de tres meses. Aunque siempre me preguntaré cómo hubiera sido mi primer bebé y siento que perdí algo hermoso, sé que si no hubiera perdido mi bebé no hubiera tenido a Jacob, mi maravilloso y hermoso hijo.

Confusión de sentimientos

Anne Walters

Muy pocos saben qué hacer cuando una mujer pierde a su bebé. La mayoría de las personas que conozco consideran el embarazo como un estado casi sagrado, pero no hay un protocolo establecido para cuando ese embarazo termina. La gente con frecuencia trata insensiblemente y sin compasión a las mujeres que han perdido un hijo. Eso me pasó cuando perdí mi bebé estando lejos de mi hogar.

Esta insensibilidad, desafortunadamente, moldeó mi reacción inicial a mi pérdida. Me enclaustré. No quería hablar de mis sentimientos de desilusión y tristeza. Encerrarme no me ayudó, pero me protegió de aquellos que hacían comentarios descuidados. Pero al encerrarme me privé de tener acceso a personas con quienes hablar de mi pérdida.

Ni siquiera mi esposo parecía querer —o sabía cómo— hablar del aborto. Era nuestra pérdida como pareja y me sentí sola por un tiempo. Creo que él no dijo nada porque se sentía impotente y, tal vez, culpable porque yo tuve que soportar los síntomas físicos. Me sentí miserable durante las primeras semanas, con náuseas y calambres que a veces me dejaban encorvada. Parecía que el sangrado nunca terminaría. Sangré por once días. Cuando parí lo que hubiera sido un bebé, fue como estar en un cuarto con un ataúd abierto. Me asusté y me molesté ante su imagen. Quería que alguien me abrazara.

Mi esposo y yo finalmente hablamos del aborto dos o tres semanas más tarde, cuando estaba tan frustrada por no haber hablado juntos del tema que comencé a gritarle. Lo acusé de no sentir nada. Por supuesto, esto lo obligó a hablar y rompió el silencio que tanto daño nos estaba haciendo. Él también estaba de luto, pero en su propia forma. Él también quería tener un bebé.

La otra cara de la moneda del aborto me proveía una pizca de alivio. Me asustaba estar embarazada. No tengo relación con mi madre biológica y mi madrastra nunca tuvo hijos, así que no tenía una madre que me dijera si mi fatiga y malestar eran normales. Dependía de mi matrona para saber. También leí libros que me decían que muchas mujeres sienten temor durante el primer trimestre.

No sabía si mi temor de convertirme en madre era normal o si en realidad no quería serlo. Antes de quedar embarazada, pensé que ser madre era lo que deseaba. Siempre había dicho que quería ser mejor madre que lo que mis padres habían sido y estar embarazada era como un toque de alerta. Tenía nueve meses para aprender cómo convertirme en la madre perfecta.

Y también estaba consciente que los niños cambian el matrimonio. Me preguntaba si el nuestro sería lo suficientemente fuerte para soportar los cambios. Mi esposo y yo venimos de familias tan diferentes que tal vez no podríamos ponernos de acuerdo en cómo criar a nuestro hijo. Hablábamos de nuestras ideas sobre crianza, pero, como con el matrimonio, no se sabe nada hasta que estás viviendo la experiencia. Pero ahora, pienso que la experiencia de perder el embarazo nos ha fortalecido, dándonos tiempo para enfrentar la incertidumbre con mayor entereza.

Un mes después de la pérdida comencé a sentirme mejor. Le mencioné a mis amistades que había perdido el embarazo. Algunos me animaron a hablar de ello; otros no dijeron palabra, así que no podía continuar hablando. Los que me escucharon gentilmente fueron los que más me ayudaron. Algunas mujeres que habían perdido bebés eran de mucha ayuda en ocasiones, pero muy insensibles en otras. Lo que me ayudó más, tanto con mis sentimientos de pérdida y de alivio de haber sido liberada de la advertencia de ser la madre perfecta, fueron las personas sensibles que no me dijeron cómo debía sentirme. Sólo me escucharon con compasión.

Ahora, después de haber perdido un bebé hace más de un año, lo que necesitaba era mucho apoyo. El tipo de sensibilidad anhelaba, pero que no recibí lo suficiente, es la que trato de dar a otros cada vez que puedo. Este verano estaba con una amiga en un juego de pelota. Ella tenía tres meses de embarazo y comenzó a sangrar en las gradas. Perdió el control, y supe instintivamente que debía abrazarla y llorar con ella. No quería ser insensible como otros lo fueron conmigo. Más tarde, después que perdió su bebé, ella me dijo cuán agradecida estaba porque yo había reconocido su dolor.

Pipik

Susan J. Berkson

A veces se gana, a veces se pierde.

Esta vez nos tocó perder. Fue uno de cada cinco embarazos que termina en aborto espontáneo.

Me había cuidado todo lo que podía: evitando la cafeína y levantar cosas pesadas, tomando leche, comiendo huevos y pan integral. Nos estábamos acostumbrando a la idea de un hijo. Habiéndolo soñado (y preparado y orado) por tanto tiempo, habíamos imaginado cómo se vería, cómo sería su temperamento, cómo serían nuestras vidas. Soñamos el regreso a la casa, su bautizo, su primer día en la escuela.

Soñamos tanto que cuando quedé embarazada, y el sueño se hizo realidad, todo parecía irreal. Compramos un libro sobre el embarazo (al que nos referiríamos como El Libro) y un CD-ROM, y comenzamos a seguir el crecimiento semana por semana de nuestro camaroncito, que pronto llamaríamos "Pipik" (ombligo en Yiddish).

Era nuestro Pipik; le hablábamos, le arrullábamos, lo soñábamos, orábamos por él. Pipik hizo su presencia notoria ("Pipik" suena como un él) quemando mi estómago cada mañana, hasta esa mañana que desapareció la quemazón, la mañana que cumplió siete semanas. *Feliz Cumpleaños, Pipik*, escribí en mi diario. *Todavía te ves como un camaroncito, pero te amo de todas maneras. Me desperté sin la ya familiar sensación de ti quemándome en el estómago y comencé a preocuparme que no existieras, que no estoy embarazada, que lo mío fue una prueba de embarazo con un falso-positivo y toda esta algarabía no tiene razón de ser.*

Así que, ¿eres o no eres? Esa es la pregunta. No sólo no he sentido la sensación de acidez. Ahora me siento con más ánimo y apetito, y no son antojos raros como pepinillos —quiero helado, galletas, chocolate, la comida que siempre deseo—.

¿Qué quiere decir esto? Steve dice que disfrute estos días porque habrán muchos días en los que me sentiré mal. Pero, Pipik, estoy preocupada. Soy humana. Supongo que debiera estar haciendo yoga o trabajando en algún proyecto provechoso . . . en cambio me siento y sueño despierta.

No puedo ver más allá de mi vientre.
Tu mamá,
Susan.

Al día siguiente, con grandes y pesados copos de nieve cayendo, otra vez me despierto sin acidez. *Pipik, si no estás quemándome, ¿dónde estás?*

Estaba en el dilema de cambiar de doctores, así que decidí llamar a la oficina del antiguo doctor de la familia para informarle de mis síntomas.

¿Habría tenido yo una prueba de embarazo falsa? La enfermera rezongó: "En la ausencia de la menstruación o manchas o calambres, estás embarazada. Tal vez la acidez ya desapareció. Tienes suerte".

Esa noche las manchas y el calambre empezaron. En el pánico, llamé al nuevo doctor, quien me pidió un poco de historial y me habló en un tono informativo y de apoyo: "Puede ser normal", dijo. "Puede ser el comienzo de un aborto, en cuyo caso es muy poco lo que se puede hacer".

Pasé el fin de semana orando, preocupada, con calambres, y pensando en varias posibilidades: 1) nunca estuve embarazada, tuve una prueba de embarazo con un falso-positivo, voy a demandar al doctor; 2.a) embarazo ectópico —la trompa de falopio estallará en mí (queriendo decir que nunca tendré un hijo), o 2.b) tendré un procedimiento experimental de trasplante de feto; 3) aborto en peligro (que encontré en *El Libro*), donde casi pierdes al bebé pero no lo pierdes; 4) gemelos —uno está bien—, uno está muriendo; 5) Pipik está bien, pero es un embarazo de alto riesgo y los próximos seis meses los debo pasar en cama; o 6) aborto. Simple aborto.

El cual fue confirmado por ultrasonido el lunes en la mañana. Ahí estabas en el monitor, Pipik, exactamente donde debías estar: en mi útero. Miramos, miramos y miramos al monitor: "buscando los latidos", dijo el doctor. Una y otra vez, la canción de Disney, *Un Sueño es el Deseo de tu Corazón*, sonaba en mi cabeza.

Tu corazón no tenía latidos.

Ahora tomo aspirina, como comidas con endulzantes artificiales, y tomo bebidas dietéticas. Preferiría tenerte, Pipik. Fuiste nuestro sueño, el deseo que nuestros corazones hicieron.

Dormida y despierta.

Contamos nuestras estrellas de la suerte y tú estabas allí.

Fragmentos

Karen Fitton

La primera vez que escuché la palabra aborto estaba subiendo las escaleras de mi iglesia. La noticia que se susurraba era que en el baño se encontraba una mujer con una hemorragia. Yo tenía quince años y acababa de salir del salón de la escuela dominical que estaba en el sótano. Mientras mis amigas y yo subíamos las escaleras hacia el santuario, nos debatíamos qué podía estar sucediendo. ¿Quién estaría limpiando la sangre? ¿Cuánta habría? ¿Dolería? ¿Iría ella a estar bien? ¿Qué era exactamente un aborto? Según prosiguió el servicio y el pastor predicaba, nos sentamos en las bancas de atrás, con las piernas cruzadas, haciendo nuestras anotaciones en silencio.

Sobre el escritorio de mi esposo en el trabajo cuelga una foto en blanco y negro. Muestra dos personas sonriendo en un tren en alguna parte de Colorado. Mi esposo, Robert, su amigo Rich y yo hicimos un viaje a Los Ángeles a través de Denver en el tren Amtrak en enero de 1984. Yo tenía treinta y cuatro años. Robert tomó la foto de Rich y yo, reveló el rollo, la imprimió y la montó. Cada vez que veo esta foto, pienso en los tristes eventos que siguieron este feliz viaje.

Al terminar el viaje manejamos a la casa desde la estación del tren y comencé a sentirme muy enferma. Había estado expuesta a la influenza dos días antes pero no le había dado mucha importancia. Mientras más nos acercábamos a la casa, peor me sentía. Me fui a la cama y allí estuve por más de una semana, con mucho dolor de cabeza, fiebre, sensibilidad a la luz y mucha congestión y sinusitis. Todo mi cuerpo estaba listo para morir con tal que cesara el dolor.

Habíamos planificado quedar embarazada tan pronto regresáramos del viaje. Fue esta promesa que nos hicimos lo que me permitió soportar la enfermedad. Un par de semanas más tarde me sentí mejor y seguimos adelante con nuestros planes. Quedé embarazada en el primer intento. Aunque estuve cansada en las siguientes ocho semanas, pensé que esto era normal.

Mi aborto comenzó con un dolor muy punzante. El dolor con calambres que yo tenía cada mes era fuerte pero esto era mucho más localizado, como una gran puñalada con un objeto afilado. Estaba acomodando unos materiales de arte en un envase de envíos en el museo en donde trabajo. Me senté en la silla más cercana. Sentí la necesidad de asegurarme y hacer contrapeso a la fuerza de la gravedad y sus efectos. Mis sentidos me decían que todo andaba mal. Temía que no iba a estar embarazada con mi primer hijo. Ni siquiera había sobrepasado la primera barrera, la prueba de embarazo. (Había planificado hacérmela a la mañana siguiente). Después de llamar a Robert, fui a casa y me acosté. Estaba asustada y confundida en mi interior, tratando de dar una imagen optimista. Tal vez sólo necesitaba descansar más.

Al día siguiente hablamos con mi doctor y decidimos que podía quedarme en casa. Lo peor seguramente había pasado y me pidió que si podía mantuviera cualquier "producto de concepción". Hasta el momento no teníamos ninguna prueba de que estuviera realmente embarazada. De repente me di cuenta que la masita púrpura que había parido, examinado, guardado y descargado en la cisterna en casa esa mañana, era algún tipo de tejido fetal. Comencé a llorar al desear tener algo que mostrarle. También estaba furiosa conmigo misma por apurarme en quedar embarazada cuando mi cuerpo no estaba completamente restablecido.

En los días siguientes, mi vida parecía haber perdido el concepto de tiempo. Intenté continuar viéndome normal. Me miraba con frecuencia al espejo para ver quién estaba allí. Por dentro me sentía desagradable y fea. Pasé mi tiempo entre el sofá y el baño. Un día, Robert, me llevó a desayunar para animarme. Me senté en un puesto de madera dura en el café y hablé y reí con nuestros amigos. Pero por dentro gritaba: "Recién perdí mi bebé y ahora mismo estoy sangrando en este puesto y Robert y yo somos los únicos que lo sabemos". Estos amigos hubieran sido de gran apoyo para nosotros, pero yo temía mi reacción pública a mis emociones. Un exceso de emociones me hacía frágil. Salir a desayunar había consumido lo que quedaba de mis energías.

Cada verano desde 1986, Robert, nuestros hijos Reed y Jenna, viajamos a Virginia a visitar los padres de Robert. Aunque sea una vez en cada viaje, Robert y yo nos escapamos a Williamsburg por un día. Nuestro ritual anual incluye una visita al Museo de Arte Muscarelle en la Universidad de William y Mary. Tan sólo pasar por sus puertas nos trae recuerdos cuando lo vimos por primera vez mientras explorábamos el lugar en un día caluroso y vaporoso de julio. Nuestro hábito es visitar primero las galerías del segundo piso del museo. Subimos las escaleras sin parar para visitar viejos amigos. Allí estaban sentados, en poses de perfil, manos cruzadas, esperando que apareciéramos. El coronel William Bolling y Mary Randolph Bolling. Mary y su delicado bonete blanco atado bajo su mentón y sus ojos llamativos. El coronel, mirando siempre hacia adelante, en su uniforme de gala. Después de darles nuestros respetos, miramos las otras pinturas y objetos decorativos y luego bajamos a la galería principal y a las galerías pequeñas adyacentes.

En el verano de 1994, hubo una exhibición de trabajos artísticos en edredón en la galería principal y una exposición de artefactos de África Occidental en una de las galerías adyacentes. Entre las máscaras vi pequeñas esfinges que habían sido talladas en honor a mujeres que habían perdido sus hijos. Éstas llevarían sus máscaras consigo para recordar a sus hijos muertos. Esto traería a la mujer buena suerte en el siguiente embarazo. Hacía poco me había despedido de una amiga embarazada que se mudaba a Inglaterra por un año, sin saber si ella lo perdería o lo llevaría hasta el final. Había pensado mucho en ella y nuestras pérdidas, y me comprometí a hacer una esfinge para ella y otra para mí. Fue difícil salir de la galería. Quería quedarme mucho rato con esas pequeñas esfinges. Simbolizaban una vida que nunca llegaría a nacer, y todo el dolor del luto tenía un lugar donde residir. Qué modo tan profundo de dolernos . . . Al salir de la galería, sentí que acababa de aprender otra manera de manejar una pérdida.

Mi hermana tuvo un aborto a finales de 1993. Era su primer embarazo y fue muy temprano, como el mío. Me llamó para decirme que estaba embarazada y que había empezado a manchar y ahora estaba manejando los detalles de un viaje de negocios a Londres. Traté de imaginarme lejos de casa y con hemorragia, sin saber si el bebé había muerto. Después de su regreso de Londres, unas cuantas pruebas revelaron que ya no estaba embarazada. Traté de encontrar las palabras que mostraran que me importaba y que la entendía. Tal vez las palabras escritas por una amiga suya lo dicen todo: "En realidad no puedo decir que sé cómo te sientes. Sólo sé cómo me sentí".

El proceso de un aborto es una experiencia solitaria. Es de consuelo tener el apoyo incondicional y amoroso de nuestra pareja, familiares y amigos, pero al final estamos solas, en el baño, en la sala, en el supermercado, en un café tomando desayuno, en un viaje sin paradas a Londres. Estamos luchando en silencio por recoger las piezas de lo que fuimos antes de que esta avalancha nos enterrara.

Mi oración

Jan Mathew

Ruego para que Dios pueda darte todo el amor que yo no pude darte. Ruego que mis amigos en el cielo te rodeen y te hagan sentir que no estás solo. Ruego que, de alguna forma, sepas quién soy y cuánto te deseaba como parte de nuestra familia. Nunca te veré nacer, ni te sostendré en mis brazos, ni te alimentaré. Pero confío que, algún día, sabré quién eres y quién pudiste haber sido. Nunca te olvidaré. Ruego para poder conocerte, personita, algún día, en el cielo.

Nada enseña más sobre el milagro de la vida que un aborto. Una vez se concibe una vida, y es arrebatada —aún sólo por unas semanas— se es marcado de por vida por el milagro de un ser viviente saludable y en desarrollo. Nunca más se ignora el regalo de la vida.

Cuando mi embarazo terminó, en octubre de 1990, me sobrecogió un sentido de pérdida personal e, igualmente difícil, una pérdida de control sobre mi cuerpo y mi vida. No hice nada para provocar mi aborto, y era impotente para prevenirlo. Lo que podía controlar, sin embargo, era cómo compartiría y recordaría a mi hijo y mi experiencia.

Escribí una oración como la eulogía al hijo que perdí. Al hacerlo, combatí uno de los aspectos más difíciles del aborto —la ausencia de un proceso de duelo o luto formal—. Una vida, un alma, se pierde, pero no hay reconocimientos públicos de esta muerte. No hay visitas, no hay esquelas, no hay servicios memoriales. Mi oración de alguna forma formalizó mi pérdida.

Hablaba bastante de ello. No estaba obsesionada, pero sí compartía mi historia con frecuencia. Cuando alguna amistad o conocido con quien no había hablado por algún tiempo me preguntaba cuándo "llegaría el número dos", no tenía problemas en contestar: "Hace poco perdí un bebé". Para mí, todo esto estaba relacionado con la etapa de *formalizar* mi luto. Sentía la necesidad del reconocimiento público de que mi bebé había muerto. Estaba de luto, y era apropiado que pidiera apoyo y consuelo.

Pensé en la pérdida de mi bebé en conexión con la religión. Me volví a Dios, pero reconozco que retornar a Él fue un proceso gradual. Aunque los abortos son comunes, cuando sucede, se siente como si uno fuese la única persona en esa situación, y culpamos a Dios, el Creador de la Vida, como el responsable. ¿Fui escogida por algún propósito específico? ¿Quería que aprendiera una lección en la forma más difícil? Estas clases de preguntas son parte normal del proceso de pena y, por algún tiempo, pueden crear una relación ambivalente con Dios. Siempre pensé que Dios jugaba una parte importante en todo lo que sucedía, y que todos los eventos eran parte de Sus propósitos en mi vida. Era natural que le asignara a Dios un rol en mi aborto.

Al final acepté la idea que los abortos son quizás una parte de la naturaleza que Dios no controla y ciertamente no desea para nosotros. Él, de hecho, sufre con nuestra pérdida y comparte nuestro dolor. Él no ocasiona nuestro sufrimiento, pero se ofrece para compartir nuestro dolor.

El tiempo es la mejor medicina. Aunque no aplaca el dolor de la pérdida, suaviza sus efectos. Con el tiempo, sin importar sus creencias, emerge el espíritu positivo humano innato. Sin desearlo conscientemente, poco a poco nos damos cuenta que es posible concentrarse de nuevo, regresa la energía, y finalmente el deseo de usar la experiencia y el dolor para producir un bien mayor.

Nada es exactamente igual para mí, pero acepto los cambios. Creo que he adquirido una renovada apreciación por la vida. He aprendido que hay cosas sobre las cuales no tengo ningún control. Mi vocabulario está salpicado por "espero que" y "si tuviera" —especialmente cuando hablo de otro bebé—.

Creo firmemente en la noción de que mi hijo está en el cielo y está conmigo en espíritu. Vivo con la fe que algún día veré esa personita, y por fin entenderé todo lo que pasó.

Suficiente tiempo como para lastimarme

Faye Ann Chappell

Nunca imaginé cuán doloroso emocionalmente era un aborto hasta que tuve uno. Sentía tristeza por las mujeres que habían perdido sus embarazos, pero no entendía su vacío y dolor. Sólo entendía el gozo de un embarazo exitoso donde mis planes y sueños se hacían realidad.

Desde el principio de mi primer embarazo, amé a la personita que crecía en mi interior y ansiaba conocernos. ¿Sería un niño o una niña? ¿Él o ella tendría ojos azules como los míos o verdes como los de mi esposo? Empecé a hacer una lista de nombres y planifiqué su cuartito. Hice una lista de cosas que necesitaríamos para el bebé. Compré un osito de peluche. Leí libros sobre embarazo y parto, esperando saber tanto como pudiera de mi bebé en desarrollo. Soñaba con lo que el bebé y yo haríamos juntos: cómo le mostraría a familiares y amistades, cómo chapotearíamos y jugaríamos en la piscina, cómo iríamos a pasear.

Cuando quedé embarazada la segunda vez, también empecé a planificar y soñar. Mi felicidad se tornó en ansiedad. Esto no había pasado antes. Llamé a la clínica y mi enfermera me dijo que algunas mujeres embarazadas manchan en este tiempo. Ella dijo que podía ser el caso o podía estar perdiendo mi bebé. En la noche antes del tercer día de manchar, las manchas se convirtieron en rojo y empecé a tener calambres. Mi peor temor se estaba convirtiendo en realidad. Llamé a mis amistades para que oraran y me fui a la cama. Como a la una de la madrugada me desperté con un calambre muy punzante. Fui al baño y comencé a sangrar mucho. Me arrodillé y le rogué a Dios que le permitiera vivir a mi bebé. Pero lo estaba perdiendo y nada podía detener el aborto. Regresé a la cama como a las tres en punto, para despertarme a las siete aún con más pérdida de sangre. Llamé a la clínica. La enfermera dijo que fuera de inmediato. El ultrasonido sólo confirmó lo que ya sabía. Estaba perdiendo a mi bebé. Fui a casa a tener mi bebé. Después de un fuerte dolor, todo había terminado.

Me era muy difícil entender por qué había perdido a mi bebé. La gente me dijo que no era por nada que hubiera hecho o dejado de hacer. El aborto espontáneo, me dijeron, es la forma como la naturaleza se deshace de una criatura que no se está desarrollando bien. Oír estas palabras no aminoraba mi dolor.

Le dijimos adiós a Christian Lee Chappell en un servicio. Amistades cercanas se unieron a mi esposo, mi hija y a mí para orar y leer el Salmo 121 de la Biblia. Mi madre había escogido ese Salmo para su funeral. Christian fue enterrado en un ataúd que hizo mi esposo y su tumba estaba marcada por una cruz que mi esposo también hizo. Pusimos flores alrededor de la cruz y todavía visitamos su tumba. Queremos que la gente sepa de Christian y cuánto lo amamos y extrañamos.

Ha pasado un año desde que perdimos nuestro bebé. He pasado por una gama de emociones —coraje, lástima, vacío, soledad y depresión—. El dolor se hace más fácil de sobrellevar, pero creo que nunca va a desaparecer por completo. A veces se me dificulta ver a otras madres con sus pequeños. Mis brazos desean sostener a Christian.

Con el tiempo me he dado cuenta que mi felicidad y paz no pueden depender en si tengo o no otro hijo. Nuestra hija de cinco años, la hija de mi primer embarazo, me necesita. Ella puede sentir cuando estoy triste y eso la entristece. Ella necesita que su mami sea feliz.

Otro bebé no remplazará a Christian, pero me gustaría tener uno. Todavía seguimos esperando.

John Curtis

Terry Schock

Al perder un bebé, el dolor emocional disminuye con el tiempo, pero algo siempre permanece. En ciertas fechas del año —como la fecha donde nacería el bebé u otras celebraciones— el dolor es más agudo. No desea que el dolor desaparezca por completo porque es una parte suya como madre. Ha perdido un bebé.

El 3 de junio de 1988, perdí mi primer hijo. Había estado embarazada por varias semanas. "Un huevo malogrado", lo llamó el doctor. Mi bebé. Mi bebé sólo era real para mí. Mi esposo apenas se estaba acostumbrando a mi embarazo y el bebé ya se iba. Lo nombré John Curtis en honor a los abuelos —el único nieto en llevar sus nombres—.

Recuerdo la gran emoción que sentimos mi esposo y yo cuando quedé embarazada. Habíamos estado casados durante 12 años y tener un hijo fue un acto muy consciente por parte de nosotros. Nuestros familiares y amigos se maravillaron cuando les contamos la noticia. La reacción fue muy diferente cuando les dije que había perdido al bebé. Decirles fue una de las cosas más difíciles que he hecho en mi vida. Les aseguré que estaba bien; ellos no sabían qué decir.

Me asombro de las formas ineptas del mundo al tratar con quienes han perdido su embarazo. "Mejor ahora que más tarde", dicen. No. Para mí, muerte es muerte. "Tendrás otro, inténtalo otra vez", repiten. Para mí, un bebé no puede reemplazar a otro bebé.

Después de mi aborto, sentí un dolor tan abrumador que en ocasiones pensé que moriría. A veces quería morir porque pensaba que había sido mi culpa. Pensaba que Dios me estaba castigando por no ser una persona muy buena. Soy católica y mis creencias son muy tradicionales. Esta culpa no fue consciente. Si soy una buena persona, pensaba, esto no me pasará otra vez.

Pero, ¿y qué si fallaba? Detesto no poder controlar la vida; las personas que más amo están a expensas de eventos externos. Aborrezco ser vulnerable.

Ahora sé que no estaba siendo castigada por Dios. Lo irónico al pensar que Dios me estuviera castigando, es que siempre he creído que Dios es amoroso y misericordioso con todo el mundo, menos conmigo.

Sé que es irracional e ilógico, pero una pequeña parte de mí todavía está enojada con Dios. Lo único que conseguí con mi rabia fue tener la fortaleza para seguir adelante cuando todo lo que quería era arrastrarme a la cama y quedarme allí por el resto de mi vida. La rabia también hizo posible que nunca olvidara a mi hijo.

Cuando decidí escribir esto, no sabía si podría. Luego me asusté; ¿saldrían a flor de piel todos los sentimientos y no se irían? Cuando comencé a escribir, los pensamientos fluían más rápido de lo que yo podía escribir. En este testamento a John Curtis, estoy un paso más cerca de mi recuperación.

Una pérdida temprana:
fragmentos de mi diario

Shelley Getten

Lunes, 22 de mayo de 1995

Es extraño leer de nuevo mi diario de la muerte, cuando estoy tan llena de vida a seis semanas de mi fecha de parto —este bebé pateando y manoteándome, listo para vivir— a diferencia del anterior que se me escapó tan pequeño para ser sentido o visto.

Jueves, 25 de agosto de 1994

Primero una mancha de sangre, luego más color en el agua; por teléfono el doctor me dice que me acueste en la cama y eleve mis pies. Trato de mantener alejado el miedo que me sube por la cabeza, pero no puedo concentrarme en nada más.

Brien se apura en llegar a casa; lleva a nuestro hijo al vecino y a mí al laboratorio donde una técnica de ultrasonido nos dice que ella ve un saco —nos da esperanza—. Pero la sangre no se detiene. Los calambres comienzan a destrozarme. Tengo miedo de orinar.

Después, en la oficina del obstetra, una alegre enfermera entierra su aguja profunda en mi brazo para llenar un tubo con sangre —nuestra sangre—. El doctor dice que debemos tener esperanza, que debo descansar.

De alguna forma ya sé que te has ido. Me enrosco de dolor, sabiendo que estoy vacía, y en la tarde nos lo confirmaron.

Viernes, 26 de agosto de 1994

Familiares y amistades están cerca. Me asombra saber cuántas mujeres han perdido un hijo de esta manera. Dicen: "Pasa todo el tiempo" o, "no estaba para ser". Sin embargo, quiero una razón; quiero saber qué hice mal.

Un vecino sugiere que fue exceso de vitamina C —y de hecho estaba tomando muchísima—. Tal vez fue el trabajo de limpieza de casas que acepté o nuestra intimidad la noche anterior —intensa y maravillosa.

Sábado, 27 de agosto de 1994

Un florista trae unas flores enviadas por los padres de Brien. Por fin puedo llorar. Alguien ha reconocido la vida que se ha ido. El dolor nos consume. Nos abrazamos, nos amamos en mutuo dolor, queremos engendrar otro bebé.

Lunes, 29 de agosto de 1994

Nuevamente toman sangre para asegurarse que no hay riesgo de infecciones. Espero cuarenta y cinco minutos mientras mujeres muy barrigonas pasan frente a mí. Mi mente se enloquece especulando.

¿Podré tener otro hijo? ¿Qué tal si hay algo muy mal? El doctor no hace ninguna prueba hasta que se han perdido dos embarazos seguidos.

Estoy llorando cuando por fin llaman mi nombre. Le pregunto a la enfermera por posibles razones —le digo que había leído sobre la vitamina C, y la irritación que causa en el revestimiento uterino. Me asegura que no hay razones específicas, que "en realidad, esto pasa todo el tiempo".

Entonces dónde están las otras madres y padres, ¿dónde puede uno ir para encontrar apoyo?

¿En qué etapa del embarazo los doctores refieren a sus pacientes a consejería por duelo? Una compañera de trabajo perdió un feto de veintiocho semanas. Los doctores la enviaron a la casa a esperar las contracciones —con el bebé muerto en su interior—.

Domingo, 4 de septiembre de 1994

No sé qué estoy sintiendo. Mi hijito no entiende por qué lloro todos los días. Brien está frustrado por mis reacciones cada vez que veo un niñito con una hermanita menor y todo empieza otra vez —lágrimas y preguntas de si habremos perdido un niño o una niña y si podré quedar embarazada de nuevo—.

Mi madre me asusta más con sus historias. Un hermano mayor que hubiera tenido lo perdió a los tres meses, y luego perdió un bebé entre cada uno de sus cuatro hijos vivos. Ella dice: "Pasa todo el tiempo", y añade que puede que yo tenga un útero genéticamente defectuoso como el de ella.

Sueño con bebés muertos.

Miércoles, 2 de noviembre de 1994

¡Estamos esperando bebé otra vez! Más cuidadosos esta vez, sin dejar que la alegría nos abrume. Esta vez nos vamos a cuidar para no ser vulnerables. Leo libros —aprendo a tener confianza en mi cuerpo y las fuerzas de la naturaleza para ayudarme a traer este bebé a término—. Me imagino su parto; un cuerpecito calientito en mis brazos, en mi pecho, vivo.

El espíritu del bebé

Dylan Ann Treall

Mi esposo y yo creamos un vínculo de amor con nuestro bebé antes de concebirlo. Podíamos sentir su espíritu, esperando que estuviéramos listos. Concebimos la primera vez que no usamos anticonceptivos. Nos lanzamos a la vida de padres activos y embarazados. Le dijimos a todos los que conocíamos, hicimos planes para un parto perfecto, empezamos a colectar ropita y juguetes usados de nuestros amigos y nos matriculamos para yoga prenatal y clases de parto. Al haber trabajado en cuidado de niños durante los últimos nueve años, estaba emocionada de poder ser madre de mi propio bebé.

Muchos decían que Les y yo seríamos padres maravillosos. Nosotros estábamos de acuerdo. Teníamos una relación honesta, afectiva, abierta y fuerte. Y sabíamos la importancia del balance saludable de estructura y crianza. Las necesidades y emociones de nuestro hijo serían escuchadas y aceptadas.

Yo tenía ciertos temores, sin embargo. ¿Qué tal si exageraba en el intento de que mi hijo expresara emociones? ¿Se negaría a hablar y no expresaría ninguna? ¿Qué tal si mis destrezas con los niños desaparecían cuando tuviera el mío? ¿Pensarían que los molestaba demasiado? Yo estaba haciéndolo todo bien en este embarazo, pero ¿y qué si toda la preparación no servía de nada y terminaba con una experiencia de parto que no deseaba? Intuía que este era un niño, pero qué tal si estaba equivocada. ¿Le daría la impresión a mi hija de que prefería a un varón? Esperaba tener un bebé del signo zodiacal Piscis —un parto al menos una semana más tarde de lo previsto—.

El embarazo estuvo bien hasta que tuve un poco de manchas en la octava semana. Dejé de hacer ejercicios y descansé más en cama. Manché un poco a las nueve semanas y media y me asusté. Mi matrona me dijo que tomara las cosas con más tranquilidad y que veríamos qué pasaba. Las manchas cesaron. Mientras tanto, una parte de mí sabía que iba a abortar. Tal vez por eso tenía tantos temores molestos; era más fácil concentrarme en pensar si el bebé sería Piscis que en pensar si nacería. Busqué todos los libros de embarazo para averiguar información sobre aborto espontáneo y sus síntomas. En la undécima semana comencé a tener un flujo café que continuó por varias semanas. Me tropecé con una oración en un libro sobre el aborto en el segundo trimestre. Decía: "flujo marrón magro por varias semanas". Toda mi negación se derrumbó cuando llamé a mi matrona a través de las lágrimas. Yo sabía.

Las semanas que siguieron al D&C traté de no pensar. No quería pensar todavía; quería sentir. Mis amistades me contaban historias tristes así que no tuve que hacer esfuerzo. Me enrosqué en el edredón de mi cama, cerré las cortinas para ocultarme del sol de fines de agosto, y lloré. Les, mi esposo, me abrazaba con frecuencia. Cuando él no podía estar, tenía amistades conmigo o les hablaba por teléfono. Quería que me oyeran llorar. No estuve sola por más de dos horas en día y medio. Los vecinos vinieron. Me trajeron flores. Muchos padres, cuyos hijos cuidaba en el jardín donde trabajaba, me enviaron tarjetas por correo y me contaron acerca de sus experiencias de aborto. No tenía idea que los abortos espontáneos fueran tan comunes. No me sentí tan sola. Muchas personas entendían el dolor emocional de perder un bebé.

Aunque tenía apoyo emocional, me sentía vacía. Era como si un órgano hubiera sido removido de mi cuerpo y hubiera quedado un gran orificio. Inflaba mi abdomen, deseando que estuviera lleno, olvidando en ocasiones que ya no había nada en él. Cuando lloraba, sólo pensaba en mi útero vacío. A veces pensaba que nunca dejaría de llorar. En ocasiones, no quería dejar de hacerlo; quería llorar y ser sostenida en un abrazo eterno. Entonces, en el siguiente instante, tenía pensamientos como: "Puedo tomarme una copa de vino ahora" o "Puedo hacer aeróbicos de alto impacto otra vez". Me molestaban mis impulsos de gozo. Hasta que mi amiga Bárbara me dijo que mis sentimientos eran normales, me sentía culpable por no estar siempre triste. Me dijo: "Van y vienen como las olas. Acéptalos".

Les sufrió su duelo en forma diferente, en silencio, y no tan intenso como yo. Al principio me molesté con él y quería que llorara. "¡Ponte triste! ¿Acaso no te importa?" Pensaba. A él sí le importaba y yo tenía que dejarlo pasar su propio proceso de luto. Esto fue difícil para mí por algún tiempo. Pero él no podía sentir la pérdida física; era mi cuerpo el que había cambiado. Su experiencia era completamente diferente a la mía.

Después de la primera semana, lloré cada día menos cada vez. Después de varios meses sólo lloraba en las noches y Les me arrullaba, a medio despertar, con buena voluntad. Al final, comencé a pensar qué aprender de mi pérdida. Ya había decidido que este bebé regresaría más tarde. Estaba sufriendo por el tiempo perdido con mi hijo, no por un hijo perdido para siempre. Así que comencé a buscar un significado: "¿Qué me quería enseñar este niño?" Me di cuenta que sé cómo llenar mis necesidades en formas directas y claras, y que cuento con una gran cantidad de amor y apoyo. No estoy sola. Esto me consolaba, pero había más.

Pensé en embarazarme otra vez, sabiendo que cada hijo nacido es un milagro. Volví a visitar mis preocupaciones de los primeros tres meses: es niño o niña; tener un parto sin traumas; parir con una semana de retraso; y relajación con yoga. Estaba muy nerviosa, tratando de controlar lo incontrolable. Mis temores de intentarlo con desespero eran porque estaba tratando de esa misma forma. No me permitía disfrutar del embarazo. Pensé: "Ahora sé lo que es perder un bebé, así que cuando vuelva a estar embarazada, no necesito saber el sexo, tener un parto sin trauma, escoger el día de nacimiento exacto, o preocuparme por estar relajada. Sólo quiero un bebé". Me sentí libre al pensar así. La preparación sin preocupación y tensión era lo mejor que podía hacer por mí y el bebé. Veía venir el temor y lo liberaba. Le agradecí al bebé por esta lección. Por haber tenido una pérdida, sería una mejor madre.

Estoy en el tercer mes del embarazo y les dije a todos de inmediato. Me apoderé del rol de madre embarazada con entusiasmo y lo estoy disfrutando. Esta vez se siente diferente. Estoy más centrada y balanceada y sé el significado de la palabra "relajación". Puedo decir con honestidad que estoy agradecida por la oportunidad de aprender lo que aprendí.

Nuestra pérdida navidadeña

Susan Geise

Mi esposo y yo nos reunimos con nuestros familiares sólo algunas veces al año pues vivimos en diferentes partes del país. Hace un par de Navidades, mi esposo y yo les dimos la noticia a nuestros familiares de nuestro segundo embarazo. Tenía como siete semanas. Como mi primer embarazo había sido sin problemas, no tenía temor de anunciarles tan pronto. Todos estaban contentos y hablamos de la nueva personita que estaría en la próxima fiesta de Navidad.

Esa noche empecé a manchar. Como no tuve ningún sangrado en el primer embarazo, me atemoricé. Llamé a mi matrona y me dijo que manchar no era inusual y que no era una señal definitiva de pérdida. Sin embargo, me dijo que lo que sucedería, sucedería, y había muy poco que hacer para cambiar el resultado. Las manchas continuaron y cada vez que iba al baño tenía miedo. Quería estar segura que el embarazo llegaría a término.

Al aumentar el sangrado, mis temores y mi sentimiento de estar fuera de control aumentaron. Después de seis días de sangrar, estaba segura de haber perdido a mi bebé. Fui a ver a la matrona, quien ordenó un ultrasonido. Fui con mi esposo al examen pensando que el bebé había muerto. Para nuestra sorpresa, el técnico nos enseñó un feto vivo y nos indicó que lo que ella veía estaba muy bien: la mayoría de los fetos que están pegados de la matriz de la forma que el nuestro estaba, llegaban a término. Nuestra depresión se tornó en gozo. Una vez más pensamos en un nuevo bebé y sentimos alivio.

Me acosté esa noche emocionada, pero al recostarme sentí dolores de parto. Al intensificarse los dolores, parecía que no podría soportar lo que estaba por suceder. Fui al baño y me puse histérica. Era como si alguien estuviera matando a mi bebé y yo no podía hacer nada para evitarlo. Al sentarme en la cómoda y parir al bebé, me inundó una sensación de impotencia. Mirando la piscina de sangre, no podía permitirle a mi bebé que me dejara sin verlo o verla. Puse mi mano en el agua ensangrentada y saqué un fetito. Lo miré de reojo y se lo pasé a mi esposo. Le dije: "Se supone que guardemos esto". Ver al feto me aseguró que hubo vida dentro de mí y podía estar de luto.

Regresé a la cama y me sentí vacía. Mi esposo se preocupó mucho por la continua pérdida de sangre y llamó a la matrona. Si hubiera estado sola esa noche no me hubiera dado cuenta que la hemorragia estaba poniendo en peligro mi vida. Me hicieron un D&C de emergencia a las cuatro de la madrugada. En el cuarto del hospital me sentí cuidada y protegida. Quería quedarme un rato más allí, para sanarme un poco antes de entrar al mundo y enfrentarlo como si nada hubiera pasado, ya que no había nada que pudiera mostrar acerca de mi experiencia.

El doctor me dijo que muy pocos pueden ver lo que yo vi, pues usualmente hay un grado de deterioro en el feto antes de un aborto espontáneo. Mi bebé había estado vivo ese mismo día; yo había visto un feto perfectamente formado. Me expresó sus condolencias por la pérdida. Al salir del hospital una enfermera me dijo: "No se sorprenda si piensa en esta experiencia por los próximos seis meses o hasta un año". Ella pensó que quizás me deprimiría. Me alegró que me lo dijera, pues de otra manera no hubiera entendido los complejos sentimientos que estaba experimentando —y experimentaría— en mi proceso de aflicción. Regresé a casa después de ocho horas en el hospital y traté de descansar el resto del día. Necesitaba decirle a la gente de mi pérdida y que me la validaran.

Varios meses después recibí una carta de una amiga con quien había compartido mi experiencia del aborto. Me expresó sus condolencias y se disculpó por no haber contestado antes. Cuando recibió mi carta sobre mi pérdida, ella estaba pasando un tiempo difícil. Estaba embarazada con su tercer bebé y teniendo muchos dolores y sangrado. Su experiencia terminó en pérdida y ella no podía entender el significado.

Cuando recibí su carta yo estaba embarazada y asustada porque estaba teniendo algo de sangrado. Me alivió su carta con respecto a mi pérdida, pero me sentí culpable por sentirme aliviada por la suya. Mi tercer embarazo llegó a término, pero con tres meses de sangrado y otros síntomas de problemas físicos. Mi hija nació saludable; otra vez me sentí culpable al pensar en mi amiga.

Nunca olvidaré mi pérdida y siempre me sentiré relacionada con otras mujeres en situaciones similares. He aprendido, sin embargo, que embarazos tranquilos pueden producir hijos maravillosos, embarazos difíciles pueden producir hijos maravillosos y embarazos que terminan en un aborto espontáneo no siempre quieren decir que una mujer no pueda llevar a su bebé hasta verlo nacer.

Dylan, mi niño de la canción del viento: meditaciones y fragmentos de mi diario

Mary Lynn Hill

Tengo cuarenta años. La mayoría de las mujeres de esta edad que conozco, sentirían consternación al quedar embarazadas. Yo estaba encantada, pero un poco preocupada de criar sola a mi edad.

Tengo dos hijos, edades diecisiete y catorce. Mi esposo y yo nos divorciamos en 1991, después de diecisiete años de casados. El divorcio me destrozó, pero recogí los pedazos de mi ego y comencé mi viaje de vida soltera. Me involucré con un hombre al que aprecio mucho. En abril de 1992 me diagnosticaron cáncer del seno. En agosto de 1992 supe que estaba embarazada.

¿Mis sentimientos al descubrir que estaba embarazada? Gozo y un sentido de admiración por esta vida dentro de mí. Pero esto estuvo mezclado con temor y dudas. ¿Podré criar sola a un hijo y a mi edad? Supe la respuesta a esta pregunta casi de inmediato, porque desde el primer día, sentí un gran amor y felicidad en saber que volvería a ser madre. Sabía que si le amaba mucho, podría enfrentar los desafíos que la maternidad pusiera en mi paso.

Así que lo anuncié a mis amistades y familiares. Hubo sorpresa e incredulidad, pero siempre apoyo y amor. Comencé a planificar, cambiar el cuarto de trabajo en un cuarto de cuna, encontrar una guardería, estimar los gastos. Hice una lista de nombres, mayormente de niños porque en mi corazón sabía que este bebé sería niñito. Elegí el nombre Dylan Connor.

Un fin de semana, a finales de octubre, comencé a sangrar —no mucho pero llamé a mi obstetra—. Él me aseguró que no era nada pero que me quedara en cama y tranquila. Mis hijos habían salido durante el fin de semana. Estaba sola y muy asustada. Fue el fin de semana más largo que he vivido. Estaba muy aturdida para llamar algún amigo. No podía mover mis labios para decir en voz alta: "Creo que estoy perdiendo a mi bebé".

El lunes siguiente me hicieron un ultrasonido que confirmó mis temores. En algún momento del fin de semana perdí a mi bebé. El técnico de ultrasonido fue quien me dio la noticia. Me enviaron a la sala de espera mientras revelaban todas las placas. Me senté allí, sola y destruida. Traté sin éxito de no llorar, no quería que desconocidos vieran mi dolor. Mientras luchaba, una pareja embarazada cerca de mí, recibía las buenas noticias, su ultrasonido mostraba que todo estaba bien. Observé su alivio y gozo en sus ojos, y sentí mi dolor hacerse más intenso dentro de mí.

Los días y semanas que siguieron, traté de descifrarlo todo. "Debe haber alguna razón por la que perdí a mi bebé. ¿Por qué?" No tenía respuestas. Sólo soledad y vacío.

Dos meses más tarde, noté una hinchazón en el otro seno. De regreso al doctor, otro cáncer del seno y otra mastectomía.

Todavía no sé por qué quedé embarazada o por qué perdí a Dylan. Sólo sé que si el embarazo hubiera continuado, el cáncer del seno hubiera florecido bajo las influencias hormonales del embarazo. Si hubiera estado embarazada cuando descubrí la hinchazón, hubiera rechazado la operación o quimioterapia hasta después de tener el bebé. Si hubiera rechazado el tratamiento, mi vida hubiera estado en peligro.

¿Sabría Dylan todo esto? ¿Terminaría su vida para salvar la mía? No lo sé. Lo que sé es que algún día conoceré a mi hijo y podré sostenerlo en mis brazos. Hasta ese momento, me han concedido una segunda oportunidad, una oportunidad de evaluar todo lo que ha estado a mi paso, una oportunidad de ayudar a otros con experiencias similares a las mías.

Durante todo este proceso, mantuve un diario sobre Dylan, mi niño de la canción del viento.

19 de octubre de 1992

> He perdido a mi bebé. Aborté durante el fin de semana. Sentí una tristeza abrumadora, un sentido de pérdida. Ya había sentido a este bebé en mis brazos, sentí sus brazos alrededor

de mi cuello, había tocado su mano y mirado su sonrisa. Mis brazos anhelan querer arrullarlo y ahora no conoceré esa alegría. Lloro su pérdida ahora que siento cómo se escurren esos sueños fuera de mi alcance.

Sin embargo, hay tanto por qué estar agradecida, tanto apoyo de mis amistades y familiares. A través de esta experiencia, he redescubierto y me he maravillado por la presencia de estas personas en mi vida. Han estado a mi lado, escuchándome verter mi corazón y mi alma, abrazándome mientras lloro y temblando de miedo, y sosteniendo mi mano al no encontrar el camino en las tinieblas. Han sido mi sol y mi luna, alumbrando mi camino mientras viajo por estos tiempos tan tristes.

27 de octubre de 1992

He aprendido a afrontar un día a la vez. Cada día trae consigo lo desconocido. Puede traer felicidad o también puede traer dolor. Pero no importa qué, trae vida; trae aventura; trae una oportunidad de sentir, de experimentar, de tocar, de aprender, de crecer y de descubrir.

Dylan, no tuve la oportunidad de enseñarte todo esto, pero llevaré conmigo tu espíritu. Estarás en mi corazón y mis sueños.

Por el breve tiempo que te tuve dentro de mí, te llegué a amar y siento mucho no poder compartir contigo en esta vida. Pero cada vez que escucho el viento en los árboles, pensaré en ti y por un tiempo breve, nuestras vidas se tocaron. Fuiste parte de mi viento, trayendo contigo vida y esperanza.

"Canción del Viento" es un nombre apropiado para uno que vivió tan poco pero tan poderosamente. Los vientos vienen rápido y mueren rápido, dejando el eco de una canción en los corazones de los árboles.

El eco de tu canción está en mi corazón, Dylan, y ayudará a guiarme en mi paso por la vida.

El jardín inglés de los recuerdos

Deborah Edwards

Dicen que cada embarazo es diferente y yo pienso que lo mismo se puede decir de los abortos. Las situaciones que rodearon mis dos pérdidas —la primera en los Estados Unidos y la segunda en Inglaterra— fueron marcadamente diferentes.

Febrero de 1991 —Los Estados Unidos

Mi primer embarazo terminó en pérdida en la undécima semana de gestación. Recuerdo haberme enterado del embarazo el Día de Año Nuevo. Por mucho tiempo había deseado tener un hijo —tenía treinta y cinco— y había perdido a mi madre seis meses antes, y me emocionaba al pensar en ser madre. Estaba segura que mi embarazo iría bien, pues mi madre había tenido cuatro hijos sin problemas.

Aún cuando empecé a manchar en la décima semana me mantuve algo optimista. Había leído que un poco de sangrado era a veces normal y traté de no preocuparme. Después de un día en cama, en la clínica me dijeron que había muy poco que pudiera prevenir un aborto en esta etapa y me aseguraron que podía regresar al trabajo. Sólo dos días más tarde era evidente que estaba en el proceso de perder mi embarazo.

Lo que recuerdo de esa primera etapa es el intenso dolor, más doloroso que cualquier dolor que hubiera tenido, y sangrado copioso. Las enfermeras de turno del hospital local me recomendaron permanecer en casa hasta que el sangrado fuera tan copioso como para "saturar una toalla sanitaria por hora". Afortunadamente mi esposo estaba conmigo esa noche. Fuimos a la sala de emergencias a las diez y media de la noche, donde esperamos al menos una hora para que nos viera el doctor. Nos dejaron solos en un pequeño cubículo, sangrando mucho, con sólo una toalla sanitaria sin adhesivos, de las antiguas, entre mis piernas como único recurso del cual sostenerme mientras el personal iba y venía. Me sentía humillada. La dignidad del paciente no era una prioridad en este lugar. Finalmente, una joven estudiante médico muy amable, confirmó que había perdido mi bebé, y que tendría que someterme a un D&C en la mañana.

Para ahorrar costos de hospital, nunca fui admitida. A cambio, mi esposo y yo pasamos la noche en una sala de pacientes ambulatorios muy concurrida en aquel hospital prestigioso y muy promocionado, con un gran piano en la recepción. Nick durmió en el piso, pues no había ni una silla disponible. Es difícil decidir qué fue más intenso esa noche, si mi dolor físico o el emocional. El golpe emocional fue muy fuerte, pues las recién cicatrizadas heridas de la pérdida de mi madre se reabrieron de repente. ¿Por qué tenía que haber muerto tan joven en lugar de estar aquí para consolarme? Físicamente sentía oleadas de contracciones tratando de expulsar el embrión dañado. Necesité muchos tranquilizantes y casi no podía esperar a la siguiente dosis. No me ayudaba la actitud de la enfermera quien pensaba que exageraba el dolor. "Es sólo un aborto", decía. Me sentía demasiado cansada y vulnerable para protestar.

Me operaron a las siete de la mañana cuando llegó el doctor y para las diez de la mañana ya estaba en casa. No recuerdo haber recibido instrucciones de seguimiento, excepto la recomendación de ver al doctor en una o dos semanas. Dijeron que sentían lo ocurrido, pero los abortos eran muy comunes, adiós. Nos dejaron solos a la deriva para manejar el dolor de la pérdida.

Sin embargo, a pesar de la tensión emocional de perder al bebé tras la pérdida de mi madre, manejé la situación bastante bien. Mi esposo me apoyó mucho y mis compañeros de trabajo (trabajaba para la Junta de Cuidado Maternal e Infantil como dietista) eran sabios y compasivos. Una compañera había perdido hacia poco sus gemelos en su quinto mes de embarazo. Comparado con ella, yo era afortunada. Me consolaba al pensar que me embaracé con gran facilidad y que, estadísticamente, las oportunidades de que se repitiera otra pérdida eran mínimas.

Si sólo hubiera sido tan fácil. Mes tras mes no podía quedar embarazada y empecé a preocuparme. Con treinta y seis años y consciente de la disminución de mi fertilidad, discutí mis temores con mi médico familiar, quien me refirió a un especialista de infertilidad. No sin causa, pues mi esposo y yo éramos relativamente infértiles, con sólo un treinta por ciento de probabilidad de concebir en un término de cinco años. A un año del evento inicial, la ramificación del aborto era aparente. Pude haber perdido la única oportunidad de tener un hijo.

Por suerte, cuatro meses después del diagnóstico de infertilidad (tiempo que pareció una eternidad) quedamos embarazados otra vez. Siempre consideraré este embarazo el milagro de mi vida. De hecho, nos alegramos con mucha cautela, temiendo otra pérdida. Pero según pasaba el tiempo nos sentimos más confiados y me sentí la mujer más feliz en la vida. Cerca del final del embarazo comencé a mostrar señales de hipertensión de embarazo. Unas semanas más tarde, mi hija nació tras una severa preclampsia, experiencia desgarradora que atentó contra mi vida. Cinco semanas prematura, pero con función pulmonar de una bebita pequeña, ella estuvo dos semanas en la unidad de cuidado intensivo neonatal. Mis emociones revoloteaban mientras agradecía a Dios por preservar mi vida y me preocupaba por mi irremplazable bebé.

Tal como predijeron los doctores, mi hija salió bien y la trajimos a casa a mediados de diciembre. Todavía un poco asustada con la experiencia de la preclampcia y tener una bebé prematura, nos lanzamos a la aventura de ser papás primerizos. Estaba emocionada de por fin sostener un bebé en mis brazos. Nada más importaba.

Nuestra decisión de tener otro bebé no fue fácil. Cuando tuvimos el control de seis semanas postparto, mi obstetra nos recomendó que no, diciéndome que pondría mi vida en peligro con un nuevo embarazo. Mi médico familiar estuvo de acuerdo. Nos desilusionamos, pero nos dimos cuenta lo afortunados que éramos de tener una hija. Por seis meses me olvidé del asunto. Pero los instintos maternales eran más fuertes y buscamos una segunda opinión con un especialista de embarazos de alto riesgo en otra institución. Su informe fue más optimista, pero no del todo convincente. Un año más tarde, otro especialista se burló de mis temores y básicamente me dijo que mis oportunidades a largo alcance de tener otro bebé saludable eran excelentes —aunque él/ella podría ser prematuro— y que mi propio riesgo de morir era muy pequeño.

Julio de 1994 —Inglaterra

Nos mudamos a Nottingham, Inglaterra, por un año y el asunto todavía estaba sin resolver. ¿Cómo podría poner mi vida en riesgo por tener otro bebé, siendo mi hija tan pequeña? Por otro lado, si el riesgo era tan mínimo, ¿por qué no arriesgarme y darle un/a hermanito/a? Busqué otra opinión más en uno de los mejores centros médicos de Inglaterra, a sólo diez minutos de mi hogar. Mi consultor me aseguró que mis oportunidades de tener un hijo saludable eran excelentes —si lograba quedar embarazada, por supuesto—. Después de dos años de deliberación y caos emocional, decidimos intentarlo de nuevo.

Esta vez sólo tomó dos meses concebir. Dado nuestro diagnóstico de infertilidad y lo importante de nuestra decisión, nos sentimos emocionados y estaba segura que así debía ser.

Noviembre de 1994 —Inglaterra

Nuestras esperanzas se despedazaron en la sexta semana del embarazo. Esta vez sabía lo que pasaba y estaba molesta, no asustada. Mi doctor me envió a la clínica de embarazos de alto riesgo de Queen's Medical Center de Nottingham. Mis cuidados allí, bajo el Servicio de Salud Nacional de Gran Bretaña, fueron excelentes y, en algunos aspectos, un mundo de diferencia con respecto a los cuidados que recibí en los Estados Unidos.

En la clínica de embarazos de alto riesgo, me hicieron un ultrasonido para determinar el estado de mi embarazo de seis semanas. Éste reveló un embrión de tres o cuatro semanas. El personal sugirió que tal vez habíamos calculado mal. Sabíamos que las fechas estaban bien. Me enviaron a casa con instrucciones de llamarles si se intensificaba el sangrado. Aunque el resultado del ultrasonido no era bueno, fue bueno saberlo tan pronto.

Dos días más tarde se intensificó el aborto. Llamé a la enfermera y nunca olvidaré sus palabras de apoyo. Ella dijo que mis síntomas físicos no requerían hospitalización. Añadió que podía ir en cualquier momento, pues los aspectos emocionales de un aborto son más devastadores que los físicos. Me sorprendió y me alentó que alguien reconociera los aspectos emocionales de un aborto y estuviera dispuesta a tomar de su tiempo profesional para manejarlo. Como no estaba en peligro físico, permanecí en casa y pude posponer mi hospitalización por veinticuatro horas más.

En el Queen's Medical Center me ubicaron en un cuarto privado de una esquina de la unidad ginecológica, sencillo pero decorado con gusto, con flores en el marco de la ventana. Después de mi experiencia en la aglomerada unidad de emergencia en mi primer aborto, estaba agradecida por la privacidad y sin la urgencia por deshacerse de mí. Los doctores hicieron otro ultrasonido y decidieron darme otra noche para ver si el aborto se "completaba en forma natural" —o sea evitar el "procedimiento de evacuación". En la mañana, sin embargo, decidieron hacerme el D&C para evitar una infección. Como mi caso no era urgente, me pusieron en turno para el "teatro" de operaciones y fui operada el sábado en la tarde. Me dejaron una noche en el hospital para recuperarme: una bendición al no tener a mi hija de dos años despertándome a las cinco y media de la madrugada.

Durante mi estadía vi varios equipos de doctores. Me llamó la atención su sinceridad. Pacientes con nuestras preguntas, cuidadosos con sus respuestas, nunca me dieron la impresión de estar pensando que era "un aborto más". Aunque estaba deprimida, no podía evitar sonreírme cuando se referían a nosotras las mujeres que perdemos bebés, como "damas" —un término raro para el oído americano, pero muy respetuoso—.

Las enfermeras eran compasivas, consagradas a su trabajo y muy bien preparadas. Este aborto fue casi indoloro, con calambres ocasionales y pude pasar tres días con el equivalente a dos tranquilizantes comunes de máxima potencia. Y me recordaban que podía usar medicamentos más fuertes si los necesitaba.

Mi esposo y yo recibimos consejería al salir y fuimos invitados a un servicio "memorial" para quienes experimentaban abortos, natimuertos o muertes infantiles. Una de las enfermeras nos informó que, a menos que pidiéramos algo diferente, los restos postoperatorios de nuestro bebé serían cremados y colocados en el "jardín de los recuerdos" en un cementerio cercano. Aunque esta idea era algo extraña para nosotros, y no podíamos vernos yendo a tal lugar, era conmovedor ver que la vida, aún en sus etapas más incipientes, fuera reverenciada.

Después de salir del hospital, no tuvimos mucho tiempo para pensar en la pérdida, debido a las demandas de trabajo y a la súbita hospitalización de mi suegro a la semana siguiente debido a una enfermedad que atentó con su vida. Debo decir que tener una hija de dos años me distrajo y me hizo más consciente de cuán afortunados éramos de tenerla.

Tres semanas más tarde asistí al servicio memorial, lo que me dio oportunidad de llorar y hablar con un pastor, una enfermera especializada en abortos, y otras parejas que habían experimentado sus pérdidas recientemente. En la capilla había un libro de recuerdos en el que las parejas anotaban la fecha de nacimiento y muerte de sus hijos, y cualquier palabra de recordación. Algunas anotaciones eran conmovedoras por las expresiones de lo que significaba perder un hijo.

Mi control de seguimiento con el obstetra fue sorpresivo. El especialista en preeclampsia mencionó que mi aborto pudo ser prevenido con una terapia de dosis bajas de aspirina. Nuestra reacción a estas noticias fue mixta —esperanza para un futuro embarazo, frustración porque nadie mencionó este tratamiento antes—. Qué gran diferencia hubiera hecho en nuestras vidas este tratamiento experimental. Una vez más intentamos otro embarazo.

Junio de 1995 —Inglaterra

Al escribir estas líneas, desafortunadamente, no he quedado embarazada y estoy en otro período de ajuste. Parte de mí está aceptando la idea que no podré concebir otra vez pues me acerco al cumpleaños cuarenta y por otros problemas relacionados con nuestra habilidad de concebir que se han ido presentando. Como en todo proceso de aflicción, he necesitado tiempo para llegar a este punto. En unas recientes vacaciones familiares, escalando en el norte de Inglaterra y Escocia, me inspiró el paisaje a mi alrededor y me di cuenta de lo mucho que me estaba perdiendo por concentrarme demasiado en otro embarazo. Finalmente sentí que había alcanzado cierto grado de aceptación y serenidad sobre nuestra situación. Más tarde esa semana, sin esperarlo, escuché que una amiga de nuestra primera clase prenatal había tenido otro bebé y comencé a llorar.

Espero que estos episodios de congoja sean cada vez menos frecuentes y estoy tratando de aceptar las cosas como vienen. Una de las partes más difíciles, creo, es que nunca es realmente evidente para los demás que hay problemas de fertilidad o abortos, por lo que la gente dice cosas muy inocentes que son difíciles de oír. En otro viaje reciente nos quedamos en una vieja casa de campo cerca de la costa sur de Inglaterra y conocimos una amistosa pareja que estaban embarazados con su tercer bebé que nacería cerca de las fechas en que el nuestro habría nacido. Por supuesto, lo correcto era felicitarlos y, por supuesto, socialmente inaceptable decirles que yo también estaría dando a luz en julio si no hubiera perdido mi bebé. Nos dijeron que no habían planificado este bebé y sólo estaban esperando tener algo de libertad sin tener que pensar en los bebés —fertilidad no era su problema, se reían—. ¿Cómo decirles que ese precisamente había sido un problema horrible para nosotros y que habríamos sido felices de poder tener a nuestro tercer bebé? Sólo sonreímos, como si entendiéramos, y al rato pudimos cambiar la conversación a un tema más manejable.

He conocido otras mujeres que han tenido abortos, por supuesto. Nunca he sentido la necesidad de unirme a un grupo de apoyo para abortos o infertilidad. Tal vez no quiero dejar que este problema ocupe demasiado tiempo en mi vida. Mi esposo y yo hablamos de adoptar, aunque nuestras edades lo dificultan, no estoy lista para darme por vencida. Todavía tengo bastantes instintos maternales y creo que debo volver a ser madre. Seguimos amando a nuestra hija de dos años, quien parece no estar consciente de extrañar algo por ser hija única. Tal vez hay un lado positivo de los embarazos difíciles. Uno aprende a nunca dar por sentado que es posible tener un hijo o hijos. Y el gozo se aumenta cuando las cosas salen bien.

Al prepararnos para regresar a los Estados Unidos, tenemos mucho que hacer y muy poco tiempo para pensar en tener otro bebé. Pero parte de mí quiere despedirse de quien pudo ser nuestro hijo en vida, esparcido como cenizas en un jardín de los recuerdos en Inglaterra.

Congoja por mi pérdida

Emily Martha Schultz

"No estoy molesta por esto y no quiero hablar de ello", le dije, después de contarle a un viejo amigo de la universidad que recién había perdido mi bebé. En realidad había llamado para planificar un almuerzo con su esposa —ella y yo tenemos una tradición de salir a almorzar juntas en nuestros cumpleaños—. Pero su esposo contestó el teléfono. Quería ir al grano y cumplir con el propósito de mi llamada.

Yo sabía que un aborto, sin importar cuán temprano en el embarazo, es en realidad una pérdida. Y que tiene que doler. Y que no es posible establecer un itinerario que estipule, de alguna medida objetiva, que ya ha terminado el luto. Más allá de este conocimiento, como psicóloga, siempre he expresado mi creencia en un undécimo mandamiento: Conoce y siente tus sentimientos. Pero a pesar de todo el conocimiento sobre sentimientos, este aborto no me afectaría. Tenía un hijo, así que era capaz de quedar embarazada y llevar un bebé a término. No tenía problema para embarazarme. Mi menstruación llegaba cada veintiocho días como un relojito. Así que estaría en cinta otra vez, eso era todo. Sí, a veces lloraba, desesperada, y dudaba de mis capacidades femeninas; pero, ¿no había terminado ya con esto?

Hace cinco años tuve una reacción similar ante la muerte de mi madre. Ella había estado inhumanamente enferma durante seis años. Primero a los cuarenta y cinco, le dio la enfermedad de Hodgkin. La radiación y quimioterapia la curaron, pero como resultado de tan agresivo tratamiento, le dio leucemia. Pasó por el infierno de un transplante de hueso medular. Eso significó tres meses de aislamiento y todo tipo de efectos secundarios conocidos y desconocidos, incluyendo parálisis. Entonces regresó la leucemia y nueve meses más tarde, a los cincuenta y uno, murió. Ella sufrió todo esto, después de nunca haber sufrido más que una gripe.

Un familiar distante le señaló a uno de mis hermanos que "me había visto poco alterada" durante el funeral. Me dolió oír este comentario, pero probablemente era cierto. Me repetía a mí misma lo que los otros me decían: "Ella estuvo enferma por mucho tiempo". "Ella sufrió tanto". "Sabías que iba a morir". "Tal vez ahora ella ha encontrado algo de paz". Al menos ahora podía afligirme, en lugar de estar esperando que mejorara o deseando que apareciera algún tratamiento nuevo y milagroso o estar esperando su muerte. Excepto que nunca me afligí. ¿Acaso no era cierto todo lo que la gente me decía? ¿Acaso no estaba aliviada?

Mi madre y yo no llegamos a vivir juntas como adultas. Aunque tenía veintiocho años cuando murió, apenas empezábamos a manejar todos esos sentimientos madre-hija de la adolescencia sobre separación, desilusión y rebeldía. Estaba empezando a aprender que no era malo hacer las cosas a mi manera, aun cuando eso la desilusionara, o aun si eso la complacía. Casi eran noticias nuevas para mí saber que por más que ella se irritara, me sermoneara, fastidiara y se quejara, nunca me odiaría, o siquiera dejaría de gustarle, por no elegir la casa con la verja blanca. Ella siempre estaría disponible para mí —hasta que enfermó y murió—.

Mi madre y yo jugábamos papeles diferentes en el mismo drama familiar. El padre de mi madre, Edward Marget, murió sorpresivamente de un ataque al corazón a los cuarenta y seis. Ella tenía quince. Cuando se hablaba de Edward Marget, parecía que mi madre nunca había perdido la admiración y reverencia que una niña tiene por su padre. A través de mi niñez escuché acerca de este hombre brillante, guapo, musical, gracioso, culto, educado en Harvard a quien nunca conocí. Las pocas referencias que mi madre hizo de mi abuelo como un poco tirano y de mal carácter, sólo añadían al maravilloso retrato que ella pintaba de él.

Yo no idealicé a mi madre. Durante muchos años, mantuve ese modo complicado, a veces detestable, que las adolescentes tratan a sus madres. Ella era siempre una de las primeras personas a las que corría para contarle buenas o malas noticias, para que se

Las pérdidas de Branden Louis y Kevin Lynzi fueron muy diferentes. Cada pérdida tuvo características que lo hicieron más difícil en unos aspectos y más fácil en otros. Kevin Lynzi fue tan parte de mí como Branden y Kaitlen. Sólo que esta vez no tengo un rostro que asociar con el amor que siento por mi hijo.

Ahora tengo quince semanas de embarazo con nuestro cuarto bebé. No estoy disfrutando este embarazo. Sólo quiero llegar al final y llevar a casa un bebé sano. Aunque éste no es el libreto que había escrito para mi familia, nos las hemos arreglado. Steve y yo tenemos una relación sólida. Kaitlen es feliz y saludable y somos honestos con ella. A los dos años y medio, sabe de Branden y Kevin, así como lo hará nuestro próximo bebé, si llegamos tan lejos.

Mi consejo para las mujeres que sufren una pérdida es este: siempre trata de ser honesta con tu pareja sobre tus sentimientos y trata de respetar los suyos —aun cuando sean muy diferentes a los tuyos—. Sé honesta con tus hijos; son más inteligentes de lo que tú piensas. Y recuerda, también, que eres más fuerte de lo que crees ser. Puedes sobrevivir esta situación y regresar a un sentido de normalidad. Sé que no es justo. Pero como le digo a Kaitlen: "La vida no siempre es justa y tienes que vivir con lo que recibes".

Extractos del diario
sobre una pérdida de embarazo

Deborah McCleary

Lunes, 25 de abril de 1988

Milagro de milagros, ¡estoy embarazada! David y yo casi no lo podemos creer. Gracias, Dios. Gracias, gracias, gracias. Trataremos de hacerlo todo bien —exactamente lo que el doctor nos diga—. ¡Nuestro primer GIFT funcionó! (GIFT significa regalo y son las siglas en inglés de transferencia intrafalopiana del gameto, es similar a la fertilización in vitro pero con unos cuantos cambios). Rompí el récord del número de huevos producidos por un paciente GIFT, diecisiete, y uno de ellos se pegó.

Domingo, 8 de mayo de 1988

Día de la Madre. Eso me incluye, también. Hasta recibí tarjetas para la futura mamá. Por primera vez en años podré ir a la iglesia y sentirme parte del programa en este día.

Domingo, 15 de mayo de 1988

Hoy visité a los padres de David. Cuando mami y yo estábamos haciendo compras, sentí un flujo tibio, como si estuviera sangrando. Corrí a la casa y ciertamente estaba sangrando, al rojo vivo. Así seguí durante varias horas. No eran montones de sangre pero la suficiente como para asustarme. ¡No quiero perder este bebé! No puedo ni imaginármelo —recibir tan preciado regalo, y después perder esta maravillosa vida—. Por favor, Dios, no lo permitas.

Domingo, 29 de mayo de 1988

He estado sangrando intermitentemente durante las últimas dos semanas. Ya casi me acostumbro al flujo marrón, pero el rojo brillante me pone nerviosa. No debería preocuparme, pero hoy estoy deprimida y fuera de mí. Después de la iglesia lloré por casi dos horas, sin razón alguna, lo que no es típico en mí. Supongo que es hormonal, pero no puedo deshacerme de la sensación de que algo muy malo está pasando con este embarazo.

No quiero que nada le pase a este bebé. Mi madre perdió cuatro bebés y me aterroriza que pueda repetir su infortunio. Su doctor le dijo que su problema era hormonal.

Tengo que tomar control de mí misma. Sé que no es bueno para el bebé que me moleste. Se me hace tan difícil gobernar mis emociones. Me siento incapaz de reprimir mi cerebro y sus pensamientos acelerados y temerosos.

Martes, 31 de mayo de 1988

No he podido deshacerme de este presentimiento, así que decidí buscar una segunda opinión después de ver al doctor. Tengo una cita el viernes con el doctor de una amiga. Probablemente me dirá que estoy reaccionando de más y que todo está bien. Confío en mi doctor, pero nunca está demás tener otra opinión. Si tan sólo pudiera deshacerme de estos sentimientos negativos.

Jueves, 2 de junio de 1988

Hoy revisé mi nivel de beta porque creo que no ha subido apropiadamente. La enfermera sugirió que regresara a la mañana siguiente para una ecografía. Cuando le pregunté por qué, me dijo que para ver cuántos bebés tenía. Esto es extraño porque ya sabemos que sólo hay uno, pero iré. No hay inconveniente.

Parece que mañana será el día del doctor. Después saldremos en unas cortas vacaciones familiares. No me siento bien con todo lo que ocurre.

Viernes, 3 de junio de 1988

Qué día horrible. Mi nivel beta está decayendo. La ecografía no localizó un latido; parece que este embarazo está predestinado al fracaso. No lo puedo creer. Me siento como si me hubieran pateado en el vientre y en todo el cuerpo. Estoy en estado de asombro, pero mi intuición dice que es cierto.

Mi precioso bebé, creado con tanta dificultad, no vivirá. ¿Por qué, Dios, por qué? No entiendo. Le pregunté al doctor de mi amiga si estaba seguro; él dijo que si los niveles de beta cambiaban, tal vez podría haber una leve posibilidad de que todo estuviera bien, pero que él lo dudaba.

Viernes, 10 de junio de 1988

Nuestras vacaciones fueron horribles. Estuve muy agitada y no pude pensar en otra cosa que en el bebé que estaba perdiendo. Andaba con vasitos en mi cartera para colectar cualquier flujo, por si empezaba a abortar —lo cual no pasó—. Creo que David estaba agradecido de poder regresar a casa para tener un descanso de mí. No lo culpo.

Ayer mi nivel beta cayó definitivamente. Fui para que me hicieran una ecografía y dije que sabía que serían malas noticias. El doctor miró la pantalla y me dijo que estaba en lo correcto. El bebé ya se había ido.

Coordinamos tentativamente un D&C para el martes, 14 de junio. Parecía mucho tiempo, pero era lo mejor que se podía hacer. Estoy ansiosa de que recobren algún tejido para analizarlo. ¿Tendría este bebé el síndrome de Down o trisomía 13 o qué? Mi doctor me dijo que seguramente era el uno de cinco intentos que se pierden en todos los embarazos, pero ¿por qué éste cuando habíamos luchado tanto? No me parece justo. Supongo que si un embarazo se va a perder, mientras más temprano, mejor; pero no me siento así ahora. Quiero tener a mi bebé de regreso, pero no puedo tenerlo. ¿Por qué me duele tanto? Son tantos los sueños y las esperanzas perdidas.

Pero trataremos nuevamente, y tal vez la próxima vez, tendremos nuestro bebé. Al menos sabemos que podemos concebir y esto nos alienta.

Miércoles, 15 de junio de 1988

El día de la despedida. No pude dormir bien anoche. Seguía pensando en nuestro tan esperado bebé que se había ido y cuánto dolía. Una nube oscura cuelga sobre mí y espero que cuando lo intentemos otra vez, no tengamos esta desilusión. Pero, si sucedió una vez, puede suceder otra vez. Pero no sucederá, ¿cierto?

Mi D&C fue cambiado para hoy porque el doctor se atrasó con una cirugía de emergencia. Al almuerzo David me llamó para decirme que su abuelo había muerto. Aunque sabíamos que sucedería, parecía mucha coincidencia en este día tan importante. Ahora nuestro bebé y su bisabuelo estarían viajando juntos. Extrañamente, esto me consolaba. El doctor pudo remover todo el saco embriónico, lo que fue bueno. Me dijo que me haría una prueba de sangre inmediatamente después para descartar problemas del factor RH. Tardarán cuatro a seis semanas para los resultados del D&C. Es mucho el tiempo y yo quiero respuestas. Sólo espero que no hayamos esperado demasiado para el D&C. Sé que parece prematuro, pero mañana quiero intentar concebir.

Viernes, 17 de junio de 1988

Parecía extraño tener que ignorar nuestro dolor, pero tuvimos que hacerlo por la muerte de Pop. Papi dijo que sabía que estábamos sufriendo, pero le dije que aunque era cierto, primero teníamos que enfrentar la pérdida de Pop. Confrontaríamos nuestros sentimientos de la pérdida del bebé más tarde. Me siento tan vacía.

Martes, 21 de junio de 1988

Tuve un control post-D&C. El doctor me preguntó cómo me sentía emocionalmente y le dije que muy bien porque había anticipando la pérdida.

Este sentimiento de vacío continuará por algún tiempo. Me siento tan triste y pisoteada. Es muy difícil manejar una pérdida, pero cuando se le añade un procedimiento donde se intenta con todas las fuerzas para concebir, parece añadirle sal a la llaga. ¿Por qué, Dios, por qué? No lo entiendo, ¿llegaré a entenderlo?

Lunes, 18 de julio de 1988

Estoy ansiosa al prepararme para otro GIFT. Estoy huyéndole a nuestra pena pero la única manera que podré concebir es si nos arriesgamos nuevamente. No quiero perder tiempo.

Desde nuestra primera pérdida, David y yo hemos perdido cuatro hijos: a las seis, ocho, veinte semanas, y un gemelo a las diez semanas. También he tenido dos hijos. Christopher, el hermano gemelo, nació en 1991 y Trevor nació en 1993.

David y yo hemos invertido emociones, tiempo, energía y dinero durante tantos años tratando de tener hijos, que parece extraño cerrar este capítulo de nuestras vidas. Pero, cuando veo la carita de Trevor y los ojos azules y grandes de Christopher, sé que valió la pena. Lo haría todo otra vez por tener estos niños en nuestras vidas.

Mi propio hijo

Cindy Steines

"Oh, mi bebé, el sol es tibio. Este es un buen día, oh bebé mío".

A veces hablo sola, pero muchas veces mis palabras no pasan de mis labios, pues son enviadas en un mensaje dirigidas al todavía por descubrir; a mi bebé. Cada día, mientras mi vientre se redondeaba, me propuse compartir mis pensamientos y experiencias con esta personita que crecía dentro de mí. Quería disfrutar esta relación que sólo los dos conocíamos. En este, mi cuarto mes de embarazo, no asumí que existía otro día de vida.

Cuando experimenté el embarazo más de veinte años atrás, me asusté. Tal vez porque mi hermana acababa de morir, en la flor de la vida, por el cáncer. O tal vez era una autoestima muy baja que me llevaba a pensar que no era capaz de hacer algo maravilloso como crear vida. O tal vez era la misma desconfianza que siente toda primeriza cuando trata de entender el concepto de una nueva vida tomando forma dentro de ella. Tuve pensamientos preocupantes. ¿Será esto real? ¿Saldrá algo mal? ¿Se irá tan rápido como llegó? Esperé casi tres meses para anunciarlo, excepto a mi esposo. Justo después, empecé a sentirme enferma. Estuve recostada varios días sintiéndome débil y nauseabunda antes que comenzaran los dolores como de parto. Por tres días más, en el hospital, me preocupaba y preguntaba antes de saber con certeza que el embarazo había terminado.

Qué vacío sentí después. ¿Cómo explicar mis sentimientos tan bajos, mis deseos insatisfechos, mi sentido desorientado de pérdida? No estaba muy segura qué era lo que había perdido. No sabía todavía lo que era ser madre. No había tenido la oportunidad de apegarme a un nuevo bebé o comprender a plenitud de lo que significa el milagro de la vida. Para mí, abortar era fallarle a la vida y encontrar desasosiego.

Nuevamente quedé embarazada y esta vez ni me atreví a sentir o pensar al respecto durante los primeros meses. No siempre me sentí bien y me preocupaba por cada malestar. Pero cuando esas primeras semanas pasaron y mi vientre comenzó a crecer, empecé a creer, con reservas, que podría salir bien esta vez. Me sentía más segura de mí misma y más emocionada según pasaban las semanas. Pude llegar a término y parir con relativa facilidad a un niño. Cuando me trajeron a Benjamín a mi cuarto, tarde en la noche, sentí algo tan profundo que nunca había sentido. El lazo que comenzó era como ningún otro. Me comprometí, en lo más profundo de mi ser, a amar, cuidar y estar lista a dar mi vida por esta personita que tenía en mis brazos. Comenzaba a saber qué era ser madre. Más tarde, me dormí, sintiéndome nueva y enriquecida.

Las enfermeras me despertaron con preguntas extrañas sobre historial médico familiar y el embarazo. Me sentí incómoda y cuando hablé con el doctor, tuve una sensación de presagio. El doctor dijo que el bebé tenía problemas y que sería enviado inmediatamente a un centro neonatal en un hospital reconocido de una ciudad más grande. Nadie sabía qué tenía Benjamín y se preguntaban si debían bautizarlo antes de salir del hospital.

Las palabras no pueden expresar mi ansiedad y desesperación. Que las alturas de gozo y felicidad pudieran ser demolidas por horas llenas de dolor y angustia parecía increíble. ¿Cuándo pude tener más esperanzas que cuando sostuve a mi recién nacido? Permití que me tocara cada fibra de sentimiento. ¿Qué sería si esta vida me hubiera sido dada y retirada tan rápido?

Una semana más tarde, toda la preocupación y las lágrimas, las llamadas al hospital, los pechos dolorosamente llenos de leche por no alimentar al bebé, y las noches de desvelo, fueron recompensadas con las mejores noticias. Benjamín se recuperaba y tenía la promesa de una vida muy normal. Sí tenía un bebé, mi hijo, para llevarlo conmigo a casa.

Pero en mi tercer embarazo, volví a perderlo. Esa misma mañana recién había anunciado el embarazo por primera vez. Horas más tarde, todo había terminado. Qué efímera es esta vida. Qué indiscriminado el regalo de la vida, el dolor de la pérdida. No pude conocer esta vida: mi bebé perdido en las etapas iniciales.

Pero tuve otra oportunidad. En mi cuarto embarazo, las primeras semanas también fueron inciertas. En las semanas subsiguientes, cuando empecé a sentir vida dentro de mí con el crecimiento del bebé, me decidí a disfrutar este hermoso estado. ¿Quién sabría cuándo terminaría? ¿Muy pronto? Si no lo perdía, este bebé podría tener una condición de vida o muerte como Benjamín. Quería compartir mi amor con esta vida tantos días como pudiera. No podía estar segura que habría otro día, otra oportunidad, así que hablaba con mi bebé, compartiéndole los placeres de la vida. No hay promesa del mañana. Tenemos este día, este tiempo, para compartir y para disfrutar. Durante el embarazo, disfruté lo más que pude la vida que llevaba en mí.

La bebita llegó con facilidad. Pero en circunstancias idénticas a mi hijo, ella tuvo que someterse inmediatamente a un tratamiento por su condición seria. Rebecca fue a casa como una bebé saludable, y soy muy afortunada de tener dos hijos sanos.

Ser mujer y poder llevar un bebé es algo maravilloso. La capacidad de alimentar y amar incluye la capacidad de sentir el dolor de la pérdida. El embarazo es el tiempo para desarrollar un entendimiento más profundo de ti misma y disfrutar la vida en tu interior. El embarazo —un tiempo de incertidumbre y a veces muerte del infante— es un tiempo para volver tu rostro al sol y decir: "Es un buen día para estar vivos, mi bebé".

La caja en mi armario: pensamientos en la fecha de mi parto

Carla Sofka

Tengo una caja en mi armario.

Dentro de la caja, hay un atuendito hecho en tela blanca como la nieve. Cintas verdes brillantes, entrelazadas en el frente, proclaman una ocasión especial: la primera Navidad del bebé.

Pero hay mucho más en esa caja en mi armario.

Contiene remanentes de nuestras esperanzas, nuestros planes y anticipación de las festividades con nuestro primer bebé. Nuestros padres estaban deseosos de venir a Nueva York en invierno, poniendo a un lado el temor a la nieve y al frío para visitar a su nuevo nieto. Nos reíamos, sonreíamos, hablábamos en voces tontas y hacíamos las caras graciosas que aparecen cuando hay un bebé en un cuarto encendido con luces de Navidad.

La caja guarda mis recuerdos de los preparativos. Recuerdo haber ido a la sección de bebés de una tienda por departamentos en las ventas de fin de invierno. "Necesitarás esto para mantener al bebé calientito en el invierno", me dijo la vendedora. "Se alegrará haberlo comprado ahora, van a ser muy costosos cuando los necesite".

Estos eran atuendos de invierno para pequeñines —de un material tan suave y calientito, cubierto con osos, dinosaurios, globos y estrellas—. "¿Cuánto pesa un bebé de dos meses y medio?" pregunté. "¿Qué talla necesitaré cuando el bebé tenga esa edad?" volví a preguntar. Me preguntaba cómo haría para poder acomodar a mi bebé en ese pequeño vestido y poder subirle el cierre.

Hoy he recordado mi caja en mi armario.

Hoy es el día en que Jason o Carrie debió nacer. Esas cintas brillantes entrelazadas todavía proclaman una ocasión especial —pero una que no pasará este año—.

Pensamientos ilógicos pero poderosos me abruman. No debí comprar nada tan pronto; si tan solo hubiera esperado, el bebé hubiera estado aquí. Debí malograr mi embarazo por emocionarme tanto. ¿Por qué me quedé con este atuendo de Navidad? Una voz en mi corazón me recuerda que no pude devolverlo.

Esta caja me hace llorar. Me imagino una Navidad llena de vacío, aunque no estaré sola. No habrá juguetes alrededor del árbol. Colgaré dos medias en lugar de tres. Oiré música festiva, porque le temo al silencio abrumador —silencio que sólo yo notaré—. No habrá arrullos, gorjeos, conversación infantil o llantos de hambre. ¿Habrá risas el Día de Navidad?

Hay una caja en mi armario llena de recuerdos agridulces de una vida creada que experimentamos en nuestro interior; también está llena del dolor y el sufrimiento de la pérdida de mi bebé.

Hay una caja en mi armario que algún día estará llena otra vez con esperanza.

Mis cinco hijos

Lori Watts

Tengo cinco hijos, no sólo dos. Perdí a Benjamín en 1981 cuando tenía casi veinte semanas. Yo tenía veintiún años de edad. Perdí a Sarah en 1984 cuando ella tenía casi dieciséis semanas. En 1990, perdí a Allison quien, como los demás, era muy pequeña para sobrevivir.

Después de perder dos bebés no sabía si quería volver a tratar de quedar embarazada. No sabía si podría vivir el dolor de perder otro hijo. Pero el 1º de agosto de 1985, descubrí que iba a tener un bebé. Mis sentimientos me confundían y no estaba segura de querer estar embarazada. Mi esposo Scott, sin embargo, estaba emocionado. Él estaba seguro que este bebé viviría; esa noche montó la cuna.

Él sabía lo que decía, pues el 30 de marzo de 1986, Domingo de Resurrección, nuestra hija Amy nació. Ella era una bebé hermosa y saludable y su nacimiento me hizo soñar con tener pronto otro bebé. Todos me decían que de seguro no tendría más pérdidas. Sus palabras eran de aliento pues siempre quise tener cuatro hijos vivos.

Cuatro años más tarde quedé embarazada, pero perdí la bebé. Como ya tenía una hija, todos trataron de consolarme diciéndome: "Debes estar agradecida que tienes a Amy" o "Agradece que tienes una hija porque algunos no tienen ninguno". Estas palabras no me ayudaban; por el contrario me herían. Desear otro bebé no implicaba que no estuviera agradecida por Amy.

Dos años más tarde después de nuestra tercera pérdida, el 14 de agosto de 1992, nuestro hijo Adam nació. Estaba feliz y aliviada. Sin embargo, mis sentimientos maternales eran fuertes, y seguía deseando tener más hijos. Pero durante el embarazo de Adam desarrollé problemas cardíacos y el doctor me recomendó no tener otro bebé. Esto era como tener otro aborto. Me estaban arrebatando la opción de tener más hijos

A medida que Adam fue creciendo, me deprimí. Lloraba mucho y sin razón. Sólo tenía que mirar a Adam y empezaba a llorar. Miraba con frecuencia las fotos de bebé y los videos de Adam. No podía entender mis emociones. Después de todo tenía un esposo maravilloso y dos hijos saludables. ¿Qué me pasaba?

Meses más tarde leí un artículo en un periódico local sobre un grupo llamado HEARTS (Ayudando Brazos Vacíos a Recuperarse A Través del Compartir, por sus siglas en inglés), un grupo de apoyo para padres que han perdido un hijo o hijos en abortos, nacidos muertos, muerte neonatal o embarazos ectópicos. Allí encontré la respuesta. Había perdido tres bebés sin haber tenido oportunidad para llorarlos. Deseaba tener los bebés y no podía tratar de tener los cuatro hijos vivos que quería.

El artículo hablaba de cómo el grupo ayudaba a gente como yo. Recibían nuevos miembros y ofrecían un teléfono. Después de mucho llorar, tomé el teléfono y marqué el número. Ninguna de las enfermeras —una mujer que había perdido un bebé en un aborto espontáneo y una mujer que era enfermera obstétrica— estaban en la oficina. La operadora me dio el número de teléfono de la casa de la enfermera. Llamé otra vez y dejé mensaje en la contestadora para que la enfermera me llamara cuando pudiera. Esa noche me llamó y le conté mi historia. Hablamos mucho rato y lloré. Después de la llamada, me sentí mejor.

Sin darme cuenta, estaba empezando a llorar por mis hijos. Este era un paso importante en mi proceso de recuperación. Como media hora después de terminar de hablar con la enfermera, la otra líder del grupo me llamó. Otra vez lloré y conté mi historia. Ambas mujeres eran compasivas y comprensivas. Ni una vez me hicieron sentir que estaba mal por sentirme así, aunque los bebés habían muerto hacía muchos años. Al día siguiente, ambas me llamaron para asegurarse que estaba bien.

Varias llamadas adicionales me impulsaron al grupo HEARTS. Conocí a otros que habían perdido bebés y sentí consuelo al saber que no era la única que sentía tanto dolor. Me ayudó hablar con otros padres. No importaba si el bebé había muerto hacía mucho tiempo o recientemente. Todos estábamos allí para contar nuestra historia a aquéllos que nos entendían y para compartir ideas de cómo manejar el dolor. Diferentes personas confrontan el dolor en formas distintas; no hay formas correctas o incorrectas.

Gracias al apoyo del grupo, decidí tener un servicio memorial por mis bebés. Como habían pasado tantos años desde sus muertes —Benjamín había muerto hacía más de diez años— y el servicio memorial, tenía más que tiempo suficiente para planificar las cosas a mi manera. Como temí que algunos no apoyaran mi decisión, decidí planificar el servicio antes de decirle a personas fuera del grupo HEARTS. Así nadie podría tratar de disuadirme de no hacerlo. Las enfermeras de HEARTS me ayudaron a comunicarme con casas funerarias. El director fúnebre escuchó mis ideas y me ayudó a hacer los arreglos con el cementerio. Mi pastor también fue receptivo y me ayudó a planificar el servicio memorial. Habiendo hecho estos arreglos, me comuniqué con aquéllos que pensé podrían entender el por qué este servicio era importante para mí.

Durante este tiempo todavía no le había dicho nada a mi esposo acerca del grupo de apoyo o el servicio memorial. Estaba nerviosa por su posible reacción. Cada vez que trataba de hablar con él, me decía que tenía que continuar con la vida. Una noche mientras preparábamos la comida, le conté. Me dijo que si creía que el servicio me ayudaría, él me apoyaría completamente. Después hablamos de los bebés. Él creía que los abortos tenían que suceder. También me dijo que entendía cómo me sentía en relación con los bebés y que yo debía entender que él tenía el derecho de sentir a su manera.

Después de charlar con Scott, decidí hablarle a algunos otros sobre el servicio. A diferencia del momento cuando murieron los bebés, todos me apoyaron mucho. El grupo HEARTS me dio un pequeño ataúd para enterrar. Mi madre me ayudó a coser una cubierta blanca satinada con un hermoso corazón para el interior del ataúd. Entonces colocamos tres ositos, cada uno sosteniendo un corazón con el nombre de cada uno de los bebés. Mi madre había tejido tres pares de botitas de lana. Eran rosa, azul y amarillo; cada uno representando uno de mis bebés. Pusimos las botitas en el ataúd junto con nuestra foto familiar. Escribí un poema que usé para marcar temporalmente la tumba y mi padre me ayudó a hacer un marco a prueba de la intemperie.

El 12 de julio de 1993, celebramos el servicio de recordación. Mientras se leía el poema que escribí, liberé tres globos. Benjamín estaba escrito en uno, Sara estaba escrito en otro, y Allison estaba escrito en el otro. Había comprado un pequeño manojo de claveles rojos entremezclados con cuatro claveles blancos representando a Scott, Amy, Adam y yo. Coloqué tres claveles —rosa, azul y amarillo— en el ataúd para ser enterrados con el recuerdo de mis bebés. Entonces les dije adiós a mis tres hijos muertos.

Mi hermana tomó el manojo de flores que trajo al servicio de recordación y lo congeló y secó para preservar su colorido. Las puso, junto con otros recuerdos, en un globo de cristal. Todas estas cosas, así como fotos del servicio, ayudan a mantener viva la memoria de mis bebés.

El llanto ha disminuido con el tiempo. El dolor y el deseo de tener más hijos todavía persiste, pero no tan fuerte. Estoy feliz con la familia que tengo. Y lo que he hecho me ha ayudado en mi proceso de recuperación.

Nuestras tres pérdidas

Stuart Johnston

Mi esposa Carol y yo, hemos experimentado tres abortos; uno antes del nacimiento de nuestra hija Katie, y dos tiempo después. Cada una de las tres pérdidas fue diferente, física y emocionalmente.

El primer aborto comenzó en el trabajo —trabajamos en el mismo edificio pero en diferentes oficinas— en la tarde. Salí de mi oficina y me desconcertó ver el rostro aterrorizado de mi esposa mientras iba al baño. Así fue que me enteré. Esta pérdida duró más de dos semanas y fue como una vigilia de muerte para nosotros. Al menos unas seis veces al día le preguntaba a Carol cuántas manchas tenía, si sentía calambres, y de ser así, cuán fuertes eran. Estábamos en comunicación con el doctor, pero no había mucho que pudiera decirnos, excepto que el embarazo era "viable pero estaba en peligro". Eventualmente, el feto murió y Carol "parió el tejido" (interesante terminología). Fue casi un alivio que todo hubiera terminado. No tenía que controlar a Carol por sus calambres o sangrado y podíamos poner nuestras vidas en algún tipo de orden.

El segundo aborto fue el otoño pasado. Después de casi un año hablando sobre si debíamos tener o no otro bebé, que fuera compañía para Katie, decidimos que había llegado el momento. (Yo era quien no estaba seguro de tener otro hijo). Concebimos de inmediato y después de saberlo durante casi una semana, Carol comenzó a sangrar. Tuvimos nuestro segundo aborto. Este fue mucho más corto pero doloroso. Nos había costado tanto tiempo llegar a donde estábamos.

Después del segundo aborto, decidimos esperar un tiempo antes de intentarlo otra vez. Cuando lo intentamos, concebimos rápidamente y nos emocionamos. Nos sentimos aliviados cuando pasamos la barrera de los tres meses porque esa era la marca de cuando sucedieron los otros abortos. Un jueves, sin embargo, Carol comenzó a manchar y fuimos a ver al doctor. Después de la ecografía, descubrimos que el bebé había muerto en la décima semana del embarazo. Queríamos que el embarazo terminara "procedimentalmente" y acordamos una hora con nuestro doctor regular para el miércoles. No llegamos a ese día. A la una de la madrugada de ese domingo me desperté con el sonido de un flujo líquido en el baño. Pensé que Carol se estaba enfermando, pero en su lugar estaba sangrando. Después de llamar al hospital, hice arreglos con una amiga para que se quedara en la casa con Katie. Lo que pasó en el hospital fue horrible. Carol tenía mucho dolor y pasaba coágulos de sangre del tamaño de las toronjas. Esto siguió así hasta casi el medio día cuando el equipo quirúrgico hizo el D&C de emergencia. Carol estuvo en el hospital un día completo.

Tengo muchos sentimientos sobre nuestros abortos. Cuando miro a Katie y pienso que es nuestra "segunda" hija, me pregunto qué hubiera pasado si no hubiéramos perdido el primero. La idea de que ella no estuviera aquí, es intimidante. Pienso que cuando se aborta, se pierde el cuerpo de la persona pero no el alma, y que el alma de Katie estaba esperando para nacer. Es lo más positivo que puedo ser.

Lo que me frustra es cuando la gente dice cosas como: "Bueno, es la forma en que la naturaleza nos dice que algo anda mal" o "Es la voluntad de Dios" o "Ustedes pueden tener más". Es asombroso que la gente, incluyendo el personal médico, pueda decir estas cosas creyendo que los que han perdido sus hijos se sentirán mejor. Dios no le haría esto tres veces a mi esposa. Creo que cosas malas le pasan a la gente buena y que la vida no es siempre justa. Lo que quiero que me expliquen —pero nadie puede— es por qué a nosotros, y ¿tres veces? Somos jóvenes, saludables, hicimos todo lo posible por cuidar a nuestros hijos sin nacer. Cuando la gente dice: "Ustedes pueden tener más" ¿acaso piensan lo que están diciendo? No es como si hubiera perdido una media y puedo ir a conseguirme otra. Tal vez no quiero tener otro.

Me reuní con el doctor mientras Carol estaba hospitalizada y le dije que no quería exponer a mi esposa a otra pérdida, nunca. Vi a mi esposa desangrarse —mi mejor amiga, la persona más importante en mi vida, la persona por la que me preocupo profundamente— por más de siete horas mientras gritaba y gemía por el dolor y por los exámenes. Es difícil de justificar si la pongo en riesgo otra vez por tener otro bebé. Me costaría mucho perdonarme a mí mismo si la expongo una cuarta vez.

La jerga médica es sobre "procedimientos" y "tejido", pero un aborto es una muerte. He perdido tres hijos. He llorado sus muertes, algunos han tomado más tiempo que otros, pero cada uno ha sido una muerte y cada uno es una pérdida. He oído suficientes historias de que: "Yo conozco a una persona que tuvo cuatro abortos y entonces tuvo un bebé saludable". Eso está bien para esa persona, pero no para mí.

Amo a mi hija y ha sido muy difícil decirle, dos veces, que el bebé en el vientre de mami ha muerto y ya no va a tener su hermanito o hermanita. La última vez que se lo dije, ella me dijo: "Bueno, mami puede tener otro bebé". Le dije: "Puede que no queramos hacerlo otra vez". Ella dijo: "¿Es porque tú y mami tienen miedo que el bebé pueda morir otra vez?" Le dije: "Sí, así es, Katie". Es una niña muy perspicaz a sus cuatro años.

Nuestros tres abortos me han herido tremendamente, aunque no puedo compararlo con lo que Carol ha sentido porque ella ha tenido que vivir el sufrimiento físico y emocional. Carol es la única que puede decir cómo ha sido. Los padres que esperamos tener un hijo y luego lo perdemos, sentimos la pérdida y la lloramos. Los hombres que son afectados por los abortos —lo expresan en voz alta o no—.

Como comunidad, necesitamos permitirle a ambos padres que expresen sus sentimientos. No podemos asumir que todo el que ha perdido un hijo o hijos por abortos, se siente igual.

Quince años

Donna S. Frary

Después de quince años, a veces se me hace difícil recordar mi aborto. A veces pienso, para tratar de recordar. A veces siento, para tratar de recordar. Una palabra de alguien, una escena en una película, o un párrafo en un libro a veces me recuerda la pérdida con viveza y sorprendente realidad.

Cuando pienso, tratando de recordar, parece una historia que escuché a alguien contar. "Sabes que una amiga mía perdió su bebé. Es muy común, según dicen. El doctor dice que uno de cada cinco embarazos termina en aborto". Cuando pienso, siempre soy la uno —un número— en la estadística.

Cuando pienso, me pregunto sobre la palabra aborto y lo que implica. Cargar algo es una acción que la mujer asume, y parece poder controlar.

"¿Puedes cargar esto a la casa? Ten cuidado, ¡no lo dejes caer!"

¿El abortar entonces implica que hice algo mal al cargar a mi bebé? Cuando he cargado otras cosas y no han quedado bien, usualmente las bajo, las reacomodo y las vuelvo a recoger.

Puedo filosofar cuando pienso, tratando de recordar.

Cuando siento, la memoria de mi aborto es clara y real. Casi no tuve oportunidad de acostumbrarme a la idea de un hijo. Tenía diecinueve años, no estaba casada, e insegura de si quería ser madre. Aunque amaba al papá del bebé, el asunto del matrimonio era complicado. No estábamos listos.

Cuando siento, recuerdo las manchas, los calambres y el temor. Siento la culpa que sentí tan pronto como me emocioné con esta nueva vida, esta posibilidad, este hijo.

¿Qué hice mal? Me caí en el hielo, ¿sería esa la causa? ¿Estaría mucho tiempo de pie en el trabajo? ¿Qué hice?

Cuando siento, recuerdo la noche de la pérdida: el doloroso calambre, el aparentemente largo viaje en el auto hacia la entrada de la sala de emergencia, y luego la comodidad de la sábana caliente que la enfermera cuidadosamente puso sobre mí.

Cuando siento, a veces es dolor y miedo mezclados, tal como las contracciones continuaron y la sangre empezó a fluir. Me hicieron los exámenes y en mi corazón empecé a saber.

Todavía estoy orgullosa de mi fortaleza al hablar con el doctor, cuando escuché las noticias de un feto que ya no vivía. Estoy orgullosa de mi fortaleza al tomar decisiones médicas. Tuve fortaleza hasta que llamé a la casa para informarle a mis padres en forma madura. Al sonido de la voz preocupada de mi padre, me convertí en la niñita cansada que en realidad no quería ser adulta.

Cuando siento, recuerdo las miradas de amor, las palabras de apoyo y los rostros de algunas personas en particular que se preocuparon por mí durante el tiempo que estuve en cirugía, recuperándome y regresando a casa.

Más que nada, sin embargo, cuando siento, recuerdo el vacío, la falta de sentimiento y el adormecimiento que se quedó conmigo por días hasta la conversación con el padre del bebé.

"¿Todavía te quieres casar?"

"No creo, no por ahora".

"Si todavía quieres, lo haremos".

"No, todavía".

"Bien, lo que desees. Te sigo amando, ¿sabes?"

"Sí, lo sé".

Por fin llegaron las lágrimas. Gracias, Dios, por las lágrimas, el llanto y la tristeza. Ya no había más falta de sentimientos.

Esta vez, cuando pensé en esos quince años, fue de la forma usual —una historia que le pasó a alguien conocido—. Cuando empecé a escribir, sin embargo, las palabras se hicieron más parte de mi historia que lo que jamás habían sido. En lugar de separar mi pensar y mi sentir, ambas se conectaron. Hice descubrimientos.

Ahora cuando pienso y siento, la palabra *aborto* no es tan extraña y mi culpa ha desaparecido. Conozco más de mí y sé que si hubiera bajado todo y reacomodado las cosas que cargaba, lo hubiera hecho.

Ahora cuando pienso y siento, la tristeza de la memoria me dice que soy más que un número en la estadística de "uno en cinco". Soy una mujer compasiva, una casi-madre que ocasionalmente se pregunta sobre el posible, potencial, casi-hijo.

Por lo general ahora cuando pienso y siento, estoy orgullosa de la fortaleza que todavía tengo. La fortaleza que usé para lidiar con el dolor, oír las noticias del doctor, y tomar mi decisión adulta no me abandonaron para siempre en la voz de mi padre. La fuerza regresó, se quedó y ha estado conmigo por estos quince años. Está creciendo hermosamente y estoy feliz por lo que ha añadido a mi vida.

Segundo bebé, tal vez

Jorie Miller

Ese fue el año que dijiste que ya no querías tener un bebé y yo dije que si quería y dijiste, *entonces se supone que yo brinque ahora y quiera un bebé también.* Y dije: *Sí, se supone. Estoy segura esta vez. No voy a cambiar de opinión.* Y tú te recostaste contra las almohadas color durazno, la luz de la cabecera iluminaba el reloj que habías programado para las 6:05 de la mañana. Habíamos gastado mucho dinero en un auto esa semana y la guerra había comenzado. Estaba nevando y hacía frío. Donde quiera que fuéramos acomodábamos nuestras bufandas contra el viento fuerte. Pudiste haberte malhumorado por largo rato, pero no habrías tenido lo que querías, otro hijo, y tampoco habrías tenido sexo. Eran más de las diez. En dos semanas estaba embarazada. No me quisiste creer al principio, pero así sucedió. Pero llegó la primavera y no sabíamos que mientras la savia comenzaba a correr por los árboles, lo que se movía dentro de mí moría, y luego se escurría sobre mi cuerpo. Las flores salían de la tierra y pudieron haberme hecho enojar, pero todo lo que quería eran flores. Envíen claveles, rosas, aves del paraíso mostrando sus lenguas púrpuras. Bajo una lluvia copiosa plantaste un árbol como si tu vida dependiera de ello, sus ramas simétricas como las cuerdas de un arpa. Cavaste un hoyo. En el fondo pusiste el árbol, luego un pañuelo blanco que contenía la semilla roja que hubiéramos llamado hija o hijo, entonces la tierra. La lluvia se escurría del gorro de tu capucha, hasta tu nariz, gotas caían de tu rostro.

En el verano intentamos otra vez. Sin alarmas para la mañana. El sol despertó temprano y se acostó tarde. En el calor, una nueva vida cobró fuerza.

Las cordoneras: una metáfora sanadora

Freda Curchack Marver

Por años, viví ilusionada con la idea de que éramos una familia de cuatro: un padre, una madre, una hija y un bebé por nacer. Me encogía cuando la gente se refería a Denise como una hija única porque no lo veía de esa manera; para mí ella era la hermana de uno por venir. Ahora, estoy reajustando esa imagen. Mi familia consta de nosotros tres y necesito celebrar lo que tengo.

En los últimos ocho años, concentré mi energía en tratar de tener un bebé. Esto incluyó operaciones tanto en mi esposo como en mí, casi veinte inseminaciones, dos ciclos de fertilizaciones in vitro y dos abortos espontáneos. Hace unos meses, decidimos no hacer más tratamientos de infertilidad. Pasé esos meses llorando mi pérdida. Aunque no he terminado mi período de aflicción, estoy progresando. Denise tiene diez años y su niñez ya va por más de la mitad. Mi hija y yo necesitamos sacarle provecho a los años que nos quedan.

Este verano, a petición de Denise, fuimos a una feria de artesanías. Era temprano en el verano, cuando todavía resulta emocionante salir al aire libre sin abrigo. La feria se encontraba afuera en una loma verde y grande. Caminamos de la mano, meciendo nuestros brazos, y cantando canciones tontas mientras pasábamos de kiosko en kiosko. Denise y yo nos asombrábamos de lo que estaba en venta, dándonos cuenta de en qué estaban de acuerdo y en qué diferían nuestros gustos. Corríamos en direcciones opuestas en busca de tesoros, llamando a la otra: "Mami, ¿viste esto?" y "Denise, ¡encontré algo que te encantará!" Había esculturas de papel para colgar de la pared y bultos de cuero adornado. Aretes delicados y vistosos, y joyería atemorizante y salvaje. Sombreros de felpa hechos a mano. Espejos extravagantes con rostros y plumas. Sillas que colgaban del techo. Bases de lámparas que parecían esculturas. Relojes hechos de botones y tapas de botellas.

Muchas exhibiciones deslumbrantes me llamaron la atención ese día, pero la que más me llamó la atención no era para nada deslumbrante. A la distancia, noté dos mujeres sentadas calladamente, lado a lado, mirando a la mesa, haciendo algo con sus manos. Según me acerqué, las vi seleccionar con gran destreza entre un grupo enredado de cientos de pedazos de hilo. Me tomó un rato darme cuenta de lo que hacían: tejían.

Nunca había visto a alguien tejiendo un cordón. Para mí, esto era muy doloroso. No tengo la paciencia o la destreza manual para sentarme durante horas y tomar dos piezas de hilo, atándolas en un nudo, soltándolas; tomando otras dos piezas, atándolas, soltándolas. La repetición me desespera. No puedo bordar. Detesto coser. Una amiga me enseñó a tejer una vez y estuve tan tensa y torpe que nos reíamos de pensar que tejer fuera una actividad relajante para mí. Olvídate de la excelente coordinación de destrezas motoras. Dame un piso para bailar. Déjame patear mis piernas y mecer mis brazos. No me hagas sentarme quieta, moviendo sólo mis dedos.

Sin embargo, aquí estaban estas mujeres. Cuando miré sus dedos y seguí el tejido hasta el principio, vi un tejido de patrón intrínseco que salía de los enredados hilos. Pensé preguntarles cuánto tiempo les había tomado hacer esos pequeños trozos pero ni siquiera quise saberlo. Entretejer no se define por el tiempo que toma hacer la creación, sino por el proceso mismo, y los patrones hermosos y delicados que emergen.

Denise y yo nos quedamos con las cordoneras hasta que nos impacientamos de verlas trabajar con tanta intensidad, tan lentamente, tan cuidadosamente. Mientras nos alejábamos del kiosko estiré mis dedos y agité vigorosamente las manos, agitando mis muñecas como si bajara la temperatura de un termómetro. Ver a las cordoneras me puso así de tensa, y me perturbó también.

Meses más tarde, fui a un retiro de sanación. Hablamos no sólo de la sanación del cuerpo, sino de la sanación del espíritu. En ese retiro, pensé en mi infertilidad y mis abortos, dónde he estado y a dónde debo llegar. Clasificando a conciencia los eventos de mi vida como no lo había hecho antes, me di cuenta que ya había dado varios pasos en mi viaje hacia la sanación.

Mi matrimonio todavía está intacto —sin diferencias mayores, considerando que muchas parejas se destruyen por la infertilidad—. Tengo una relación con mi hija, que celebro. Se me está haciendo menos difícil estar en compañía de mujeres embarazadas y niños pequeños. Puedo hablar de mis abortos y mi experiencia de infertilidad sin enojarme tanto como en el pasado. Me estoy preparando para mi futuro, aceptando que lo que viene no es parir un bebé, pero sí puede ser desarrollar una nueva carrera. También estoy haciendo planes para mi familia de tres, pensando en viajes que no hubieran sido posibles con un infante. Más importante, me estoy dando cuenta de la comunidad de apoyo a mi alrededor. Por muchos años, sufrí el trauma de la infertilidad casi a solas. Me he abierto a buscar el apoyo de otros, y cuando lo he buscado, lo he encontrado.

Por supuesto, todavía hay lazos sueltos. Todavía no hemos decidido si intentar adoptar. No he superado la rabia y la pena. A veces hay situaciones que encienden recuerdos dolorosos y profundos, lágrimas y celos; no sé cuándo, si alguna vez, podré librarme de estos. Necesito un ritual —una ceremonia o un acto simbólico— para reconocer públicamente la pérdida de mi sueño y tener el apoyo para seguir adelante. Sé que mi recuperación no está completa porque no he podido regalar la ropa de bebé de Denise, sus juguetes y mi ropa de maternidad.

Por años, he buscado, sin éxito, una metáfora de curación —una imagen de la que pueda asirme cuando el dolor de la infertilidad y los abortos me abrumen—. Cuando salen las lágrimas o la amargura se apodera de mis entrañas, he querido pensar en un amuleto. Al pensar en ese amuleto mi rabia y dolor se derretirían. La imagen sería un atajo: no tendría que lidiar con mi historia y mis enredadas emociones. La sola imagen forzaría la apertura, soltaría el nudo.

Mientras examinaba mis pensamientos durante el retiro, traté de visualizar una forma de simbolizar mi progreso, de recordarme cuán lejos había llegado. Pensé en todos los lazos sueltos de mi infertilidad y las pérdidas: los que había trabajado y resuelto y los que ni siquiera había tocado.

De repente, pensé en las cordoneras y su tedioso proceso de desenredar los hilos. Esto es exactamente lo que requiere mi proceso de curación: ver muchos lazos sueltos frente a mí, decidir cuál tomar, cuál lidiar, cuál atar en un nudo de resolución y luego soltarlo, dejarlo ir. El proceso se repite una y otra vez. No es fácil y toma mucho tiempo.

Las cordoneras definen su logro por el tejido hermoso y tangible que crean. No puedo ver la obra de mis manos, pero quiero sentir que los lazos sueltos han sido resueltos en alguna forma o patrón. Quiero mirar hacia atrás y decir: "Mira lo que he hecho. Mira lo que hice". Mientras más nudos ate, más grande será el pedazo de tejido.

Sin embargo, el tejido no se define por sus puntos, sino por sus espacios. Es de los huecos que emergen los hermosos patrones. Es consolador saber que aunque ate lazos sueltos, el producto final debe tener huecos. De hecho, son esos huecos los que definen la esencia del trabajo.

La infertilidad ha dejado un hueco insalvable en mi vida, pero no es la infertilidad la que crea ese vacío en mi vida. En su lugar, creo que es mi viaje de curación lo que me ayuda a catalogar la magnitud de mi pérdida en trozos más manejables, y según trabajo con ellos, estoy creando algo hermoso: el tejido continuo y hermoso de mi vida.

No es sólo el tejido lo que estoy aprendiendo a apreciar, sino el proceso de hacerlo. Una de las mujeres en la feria aguantaba los hilos en sitio con alfileres ordinarios clavados en la pizarra. La otra mujer decoraba sus alfileres con cuentas hermosas. Algunas eran en colores muy brillantes, algunas opacas, y otras destellaban y reflejaban la luz que les atravesaba. Le comenté a ella que los alfileres adornados con los hilos atados parecían una obra de arte en sí misma. Me contestó que los alfileres adornados eran maravillosos porque según ella los movía, las cuentas formaban sus propios patrones exquisitos y cambiantes.

Necesito encontrar mis propias cuentas, las joyas en mi vida que le dan peso al proceso, me ayudan en el camino y me proveen belleza. Mis joyas son las personas en mi vida: mi esposo, mi hija, y mi comunidad de amistades y familiares. Me dan presencia —un sentido de quien soy, abrillantando e iluminando mi camino—.

Me encanta la metáfora del tejido. No sólo me está ayudando a sanar, sino que me recuerda la hermosa tarde que Denise y yo pasamos juntas en la feria en la loma cubierta de hierba. Esto celebra nuestra relación de madre e hija.

Después de una pérdida, siempre se nos dice que apreciemos lo que tenemos. La ironía de mi infertilidad y aborto es esta: aprecio exactamente lo que me hace falta. Mientras más atesoro a mi hija, más profundamente siento el dolor de no tener más hijos. Gozo y dolor se funden en uno, consumiéndome. Pero ahora, tengo una nueva forma de consolarme mientras viajo en mi proceso de curación. Cierro mis ojos, respiro profundo y en la oscuridad, veo un trozo de tejido dolorosamente pequeño, conmovedoramente delicado, siempre en crecimiento.

Las piedras de los niños

Rachel Faldet

Han habido niños en mi familia que han muerto y algunos están enterrados en lo alto de la colina. Una vieja y ancha carretera de carruajes que cruza el bosque de nuestro patio se usaba para llegar a ese cementerio. Ahora, hierbas salvajes bordean este camino. Viñedos y enredaderas rodean los árboles tulipaneros. Los árboles de arce están llenos de hojas que están empezando a cambiar a los colores que marcan sus muertes. Mi esposo, hija y yo caminamos con cuidado mientras las ramas de moras tratan de alcanzarnos. En esta tarde de septiembre vamos al cementerio, vamos a buscar a nuestra pequeña Kissie Landers, quien quiere ser un ángel.

No tengo familiares enterrados en el cementerio sobre la casa, pero doquiera he vivido siempre he caminado por los cementerios buscando las piedras viejas: mármol blanco en forma de tablas finas cuyas palabras están parcialmente cubiertas de liquen, piedras de granito oscuro con manos talladas dobladas en señal de descanso, con marcas blancas de zinc en las inscripciones que dicen: "Se Fue Pero No Le Hemos Olvidado". Antes de que pudiera leer los nombres y fechas, jugaba en el cementerio detrás de la casa de mis padres, una casa parroquial.

Hasta que cumplí los ocho años, viví en una villa donde la gente era vieja. Mujeres jorobadas enrollaban su pelo blanco en largas trenzas alrededor de sus cabezas y aseguraban sus moños con peines de concha de carey. Hombres débiles hablaban de su llegada a América desde Noruega cuando eran niños y decían haber tomado la buena decisión de arar en nuevas tierras. Pero sería bueno, pensaban, si pudieran ver a sus familias lejanas por una última vez.

Selmer Peterson cuidaba el cementerio en aquella villa. Él podaba la hierba alrededor de las tumbas y arreglaba lo que le quedaba con grandes tijeras que mantenía en una choza gris bajo la copa de los pinos. Echaba agua a los geranios y tiraba las flores plásticas marchitas por demasiado sol. Aunque hubiera estado jugando sola en el cementerio temprano en el día —dirigiendo un funeral para una muñeca que había estado enferma o descansando mi espalda sobre una lápida después de recoger violetas púrpuras de una sección donde no había nadie enterrado— regresaba y me cercioraba si Selmer estaba trabajando.

A veces lo seguía mientras hacía su trabajo, él me contaba de la gente que estaba allí enterrada —eran sus amigos, amigos de su familia, su familia—. Yo sabía dónde estaba Knut Peterson y su esposa Kristina. Sabía que los Jorgensons estaban a unas cuantas piedras de distancia. Sabía dónde estaban los niños. Había más niños en el cementerio que en la villa. Saber que habían muerto de influenza a los tres años de edad o por complicaciones del parto a los pocos días de nacidos no me asustaba, aunque nunca caminaría sobre sus tumbas. Caminaba a su alrededor, por si acaso tenían los ojos abiertos y me podían ver, o pudieran sentir mi peso sobre sus cuerpos. Los niños estaban todos juntos, Selmer decía, porque cuando muere un niño se te rompe el corazón.

Mi hija Elizabeth tiene cinco años. David y yo empezamos a traerla a visitar el cementerio hace unos años cuando nos mudamos a nuestra casa, una casa de ladrillo al estilo gótico construida en los 1860s. En la esquina sur del cementerio, cerca de los Hansens y Bullocks, hay un kiosco que Elizabeth llama su casa de verano. Esa siempre es su primera parada después que dejamos el camino. David casi siempre sigue caminando pero Elizabeth y yo con frecuencia nos sentamos en este lugar bajo el techo de pino. A veces le cuento una historia; a veces ella canta una canción mientras descanso. Después nos levantamos y vamos a las piedras cercanas de personas que creemos conocer porque las hemos visto tantas veces. Ella me ayuda a encontrar las piedras viejas, con ramas que suben al cielo, con manos saludando en despedida, con ovejas arrodilladas en mármol blanco.

"¿Quién vive aquí?" me pregunta Elizabeth cuando ve una piedra que no ha visto antes.

Le leo: "Hannah Patre, esposa de Silas Patre". Elizabeth se pregunta: "¿Cuántos años tiene?"

"Veintinueve", le contesto. Los números todavía no tienen mucho significado para ella. Veintinueve y noventa y nueve son lo mismo en su mente.

"Veintinueve, es vieja", me dice.

Al lado de la lápida de Hannah Patre hay una piedrecilla lisa, enterrada en la tierra. Dice: "Bebé". Hannah Patre murió en el parto, pienso mientras Elizabeth corre donde David. Yo pude haber muerto en el parto. Yo habría muerto si hubiera tenido a mi hija hace cien años. Habría sangrado hasta morir. Ningún doctor o vecina me hubiera salvado. Esta sería mi tumba de sauces llorones.

Cuando tenía diez, después de mudarme de la villa a una ciudad más grande, mi amiga Mary Elise y yo caminamos al cementerio y buscamos a las niñitas Kitleson. Ellas murieron el mismo día. Estaban jugando en una cantera, donde no debían. Al atardecer las niñas estaban perdidas, hasta que alguien vio un zapato que sobresalía en una montaña de roca molida. "Aquí están", Mary Elise gritaría si ella las encontraba primero. Yo correría donde ella y nos pararíamos juntas leyendo su esquela. Pudimos haber sido nosotras, pensábamos, pero nunca en voz alta.

"Mami, ven. Papi y yo estamos esperando", me llama Elizabeth desde unas filas más lejos. "Encontramos a Kissie".

"Ya voy", contesto, aunque camino lentamente. Estoy buscando tumbas de infantes —niños que todavía no podrían pronunciar sus nombres, niños que estaban recién aprendiendo a caminar, niños que murieron cerca de sus nacimientos—.

Sophia Jacobsen nació el 28 de septiembre de 1876 y murió el 28 de noviembre de 1877. Edith Lee murió el 10 de junio de 1877, a los 2 meses y 12 días de nacida. Su hermana, Ada, murió antes, el 23 de noviembre de 1875, al año, 2 meses y 16 días. Su lápida dice: "Niñas de W.W. y P.C. Lee, Nuestras Amadas, Duermen Dulcemente".

Al caminar fila por fila en esta vieja sección, trato de catalogar estos niños para después recordar sus nombres y sus cortas vidas. Me los imagino cuando los traían por el camino en una carroza, con cortinas negras cubriendo los largos paneles de cristal a cada lado, halados por caballos negros como el carbón. Me imagino sus diminutos ataúdes al ser enterrados y cubiertos con tierra. Me imagino a sus madres, vistiendo trajes negros y largos de luto y sombreros con velo, viniendo a estos lugares y parándose donde estoy.

No tengo un lugar donde pararme. Los dos que perdí ni habían nacido. Fueron desechados con mi sangre. Eran muy pequeños para pedirlos. No tienen nombres.

Abigail Rose Sorenson. Lara Sadie Jensen. William Winneshiek York. Nellie Mae Peck. Charlie. Margarita. Nuestro Jimmie. Queridísimo Nels. Nuestro Amado. Bebé.

"Aquí está", dice Elizabeth al acercarme. David ya le ha leído la piedra y ha seguido su camino. Elizabeth frota su mano por el arco de la lápida de Kissie. Es del porte de Elizabeth. Cerca del tope de la piedra hay un ángel tallado, su cuerpo curvo como si estuviera flotando y sus manos junto a su pecho. Debajo dice: "Quiero ser un ángel". Kissie tenía 10 años, 5 meses y 13 días. Murió el 10 de noviembre de 1862 y fue la hija de E.B. y S.W. Landers.

"¿Por qué quería ella ser un ángel y no una niñita?", pregunta mi hija.

De niña una vez fui un ángel. Mi madre acomodó una sábana de algodón a mi alrededor y la aseguró con un cinto plateado. Dobló ganchos negros y los cubrió con papel higiénico blanco y los pegó de mis hombros. Me ciñó una aureola en mi cabeza. Cuidaba al niño Jesús, un muñeco plástico cubierto en una frazadita, mientras su madre terrenal estaba sentada en el establo frente a la iglesia donde la congregación cantaba Noche de Paz. Más tarde, esa noche, mientras caminaba sobre la nieve de diciembre con mis padres y hermano y hermana, alas en mano, pensé: "Ahora somos felices, pero el niño Jesús nació para morir. A su madre se le romperá el corazón en la primavera".

"Los padres de Kissie estaban tan tristes con su muerte", le contesté a Elizabeth, "que pensaron que su niñita era un ángel en el cielo. Eso les consolaba. En realidad no creo que Kissie quisiera ser uno de ellos tan pronto. Probablemente hubiera querido vivir más con su familia".

No estoy segura si es mejor haber conocido a tus hijos —haberles alimentado, susurrado historias, arrullado cerca de tu corazón— antes de perderlos o si es mejor conocerles sin haber nacido antes de que murieran. Puedes llorar públicamente por alguien que otros han conocido, alguien que los otros esperan, alguien que tiene rostro de niño. Yo lloro por niños que muchos ni llegaron a saber que existían, nunca fueron esperados, nunca llegaron a tener rostro de niños.

"Si quiero ser un ángel, ¿moriré?" preguntó Elizabeth.

"Desear ser un ángel no hará que mueras", le respondí. "Puedes imaginar ser uno".

Elizabeth corrió más allá de la lápida —tal vez de la tía de Kissie— con forma de tronco de árbol. En un lado hay una paleta de artista y las palabras "Dios Sabe lo que es Mejor" y en la otra hay un envase de flores tirado con unas ramas de hojas torcidas. Elizabeth quiere ver a Nellie Mae Peck cuyo nombre está inscrito sobre la base de mármol de un querubín arrodillado.

"Voy donde papi", dijo después de tocar la cabeza del querubín.

Camino lentamente. Al leer nombres de niños cuyas madres también han muerto hace tiempo, no me siento sola en mi acallada pesadumbre.

Frankie. Querido Ferdicito. Lily. Josiah.

Mi bisabuela tuvo un niño que murió, pero nadie parece saber qué edad tenía. Mi abuelo, hijo único, dice que recuerda haber oído de un niño, pero no sabe si nació antes o después de él. No sabe si el bebé fue abortado, nació muerto o si murió al nacer. Nadie menciona este niño, pero yo pregunto. Sólo sé de él porque cuando tenía doce años, mi madre me dejó elegir entre dos sortijas que ella guardaba en una caja de terciopelo en su ropero: un círculo de esmeraldas con una perla en el centro o una corona de ópalos y diamantitos. Escogí la sortija de ópalo, la sortija que mi bisabuelo le dio a mi bisabuela después que perdió su bebé.

Yo he perdido dos bebés. Perdí cada uno de ellos al final de su primer trimestre. Hubieran sido los hermanitos o hermanitas de Elizabeth. Hubieran tenido nombres. Hubieran estado con nosotros mientras caminábamos por el cementerio arriba de nuestra casa. Hubieran sido parte de nuestra familia.

Cuando camino este cementerio siento una conexión con las familias que vivieron en nuestra casa antes que nosotros. Para reconstruir y conocer las vidas de estas personas, mi esposo leyó documentos delicados en el tribunal, artículos de periódico preservados en microfichas e historias del condado impresas en papel grueso emblanquecido. El hombre que construyó nuestra casa se aventuró hacia la gran frontera y está enterrado en el oeste, pero muchos de los que vivieron en nuestra casa están enterrados aquí.

Los Tracey están en un conglomerado alrededor de una piedra gruesa que nombra la familia. Los padres, Alva y Phebe, murieron ancianos en nuestra casa en los 1890s. Sus hijos, Horace y Homer, murieron con tres días de diferencia por la fiebre escarlatina. Horace murió el 7 de julio de 1875 a la edad de 27, 5 meses y 13 días. Homer tenía 20 años, 6 meses y 16 días. Están enterrados uno al lado del otro. La nieta de Alva y Phebe, Ade, murió en marzo de 1887 a los 2 años, 1 mes y 4 días. En una historia del condado su muerte está registrada como una de las tragedias del año: se sentó en un balde de agua hirviendo. A menudo buscamos sus tumbas en nuestras caminatas. En este día de septiembre, sin embargo, me quedo cerca de los infantes, los muy niñitos, y de la pequeña Kissie Landers.

Kissie Landers. Abigail Rose Sorensen. Lara Sadie Jensen. Wililam Winneshiek York. Nellie Mae Peck. Charlie. Margarita. Nuestro Jimmie. Amados Nels. Nuestro Amado. Bebé. Mi bebé de diciembre. Mi bebé de septiembre.

"Vamos a casa", oigo decir a Elizabeth mientras corre hacia mí. Ella y David han rociado los geranios y hierba doncella en la macetera adornada con tiestos chinos, pedazos de vidrio y piedrecillas que marcan los terrenos de mis abuelos. "Ya terminamos. Quiero regresar a nuestra casa", me grita para insistirme que vaya.

David y Elizabeth quieren regresar a la casa por el sendero cubierto de hierbas, pero no puedo trazar de nuevo mi camino a través del cementerio pasando por donde están los niños. No quiero deshacer el consuelo que estas viejas piedras me han dado. "El bosque está muy enredado", les digo. "Vamos por el otro lado". Nos cogemos de las manos y caminamos por la carretera curva hacia la entrada principal, tomando el camino más largo de regreso a nuestra casa, que ha perdido muchos de sus hijos, conocidos y desconocidos, con nombre y sin nombre.

Coda: registro en un diario un año después

Altha Edgren

Hoy estoy pensando en el bebé, en este primer año desde su muerte. En el ultrasonido, al ver su bello rostro, en el doctor diciéndonos que ella no tenía oportunidad de sobrevivir.

Pienso en que se ha alejado, en todas las mujeres que me consolaron con historias de sus bebés perdidos, una sociedad de afligidas, de mujeres, y ahora yo entre ellas, moviéndonos más allá del dolor para encontrar una paz serrada al consolar a otra hermana en sufrimiento.

Cuando perdí a mi bebé

Sandra Ramírez Zarzuela

Querida amiga:

Muchas veces he repetido que no quiero llorarte, pero esta noche sólo hay llanto en mi pecho. Voy a ti buscando refugio. Siento cómo me acerco a tu cuerpo y echo mis brazos sobre tu cuello, con tu mano derecha me abrazas la espalda, con la izquierda me tocas el cuello. Me abrazo a ti y lloro, esta noche lloro.

Ni siquiera sabría cómo explicarte cómo puede llegar a doler tanto el alma. El alma se rompe, la tristeza te traspasa. Lloras por lo que has perdido, por lo que más deseabas.

Dentro de unos quince días yo debería estar teniendo un hijo, pero no va a nacer. Ya hace tiempo que murió, o lo mataron, o él me podría haber matado a mí, es igual, pero había algo que pudo haber sido un hijo mío que no creció. Lloro la pérdida como nunca creo que se pueda llorar nada. No hay dolor comparable. Derramo lágrimas, mi cara se empapa de lágrimas, me duele el paladar de aguantar el llanto.

No hay bebé, Amiga, no hay bebé. Ese bebé que deseé tener desde niña, ese bebé que tuve que aplazar durante años, el bebé que naciera del amor más grande que he vivido en mi vida. No era un bebé cualquiera, era el bebé de mis ilusiones y que compartiría con el ser que más quiero en este mundo. Yo quería al bebé, Amiga, pero no lo hay.

Recuerdo la confusión de los primeros días en los que supe que estaba embarazada, la mezcla de confusión, miedo a que se perdiera y una ilusión que no quería compartir con nadie.

De noche me encerraba en el ordenador y le escribía a ese bebé el diario de cómo iba a llegar a mi vida, porque para mí iba a ser tan especial que quería escribírselo todo para cuando fuera mayor. Quería grabar el día en que me enteré, mi reacción, no tanto de alegría como de confusión. El miedo que sentía. Pero duró poco, querida Amiga, cuatro días, al quinto de saber que estaba embarazada empecé a sangrar. Fui al hospital, allí no me aclararon nada, sólo que estaba embarazada y me mandaron a casa. El miedo a perderlo fue pasando con los días, y bailé al son de la música de mi infancia, el famoso disco del sábado en la tarde, pero al día siguiente manchaba de nuevo, el dolor aparecía de nuevo.

Una semana y dos días después de saber que estaba embarazada me dijeron qué pasaba, me lo dijeron de forma que no lo entendí, pero sospechaba de las palabras. Una doctora con voz amable y sonriente, tratando de que no sufriera, me dijo que era un embarazo ectópico, cuyo significado desconocía, y que habría que hacerme "un tratamiento conservador". Me hizo vestirme y que acudiera a otra sala. Llegué allí, me dijo que me hospitalizaban. Le dije que no había entendido bien, que quería saber qué era un "tratamiento conservador". Me sonrió de nuevo y con voz dulce me dijo: "Hay que disolver el embarazo", textual, tengo grabada la escena, el sitio, su traje blanco y su bata verde.

Yo traté de mantener la compostura, no quería que nadie me viera llorar. Le dije que tenía que hacer una llamada, salí a la cabina y volví a entrar. Me llevaron a que me hicieran unos análisis. Un señor lo intentaba, pero no encontraba mis venas, finalmente tuvo que intentar extraerme la sangre de la mano derecha. Yo estaba sola, había ido sola al hospital, a urgencias, porque manchaba y no era normal, y allí estaba ese hombre intentando sacarme la sangre. Empezó a sacarme sangre pero el mareo era terrible, empecé a sentir vértigo, fatiga, todo me daba vueltas. Me agarraron y tuvo que parar, me dijo que ya lo intentarían arriba, me sentó en una silla de ruedas y me llevó a mi habitación. Subía al noveno piso, todos eran amables conmigo, el ascensor subía despacio, yo aguantaba las lágrimas, no lloraría delante de nadie. Sentía el dolor fuerte en mi pecho, me dolían las mandíbulas, el paladar, pero no lloraba. Me llevó a mi habitación y me dejó allí. Me tumbé en la cama y empecé a llorar desconsolada.

Serían las dos y media o tres de la tarde, hasta las cinco no llegaría Agustín. Lloré y lloré. Una enfermera entró a sacarme sangre, la necesitaban. Yo estaba llena de agujeros, en los brazos no habían podido, en la mano tampoco. Ésta decía que no había más remedio, ofrecí mi brazo izquierdo ya pinchado y me sacó sangre a pesar del dolor de mi cuerpo. Las enfermeras entraban de vez en cuando a ver cómo estaba, pero yo no paraba de llorar. Cada vez que una entraba les decía que cuando llegara mi marido lo dejaran entrar. Nunca en mi vida he sentido tanta soledad, nunca el dolor ha sido tan grande. Alrededor de las cinco llegó mi hermano, mi madre le había avisado y había ido corriendo al hospital, me traía revistas para animarme y me decía: "¿No estarás llorando por el bebé? ¿Si ni siquiera era un bebé?"

Como siempre me traía su sonrisa, su compañía, y me hizo dejar de llorar. Incluso me reía. Unos minutos después llegó Agu, había subido los 9 pisos a pie, porque todos los ascensores estaban ocupados. Me dijo que no pasaba nada. Nos dejaron solos, me abracé a él, pero no lloraba. Entonces empezó el "no quiero llorar delante de nadie".

Mi madre llegó por la noche, mi hermana y mi cuñado la habían traído en coche desde Jerez en cuanto se enteraron. La mañana siguiente se quedó conmigo, estuvo allí durante casi un mes. Una semana después estaba con mi madre en la calle cuando empezaron los dolores fuertes y tuvieron que operarme, pero desde que entró el primer día en mi habitación se lo dije: "no quiero que llore nadie", "no quiero verte llorar", "no quiero que llore nadie". Les decía que no quería verles llorar porque yo estaba bien, pero no quería verles llorar porque si les veía yo lloraría a gritos, y me aguantaba el llanto. Ese día empecé a callar mi llanto y ni Agustín, ni mi madre, ni mis amigos ni mis hermanos han podido decir que me han visto llorar, porque las lágrimas las guardaba, las tragaba.

Ahora, a sólo quince días de mi supuesto parto, las lágrimas ya no las controlo, ni la tristeza. No quiero estar sola de día, no sé qué haré esta semana, pero trataré de buscar compañía, porque cuando estoy con los otros trago las lágrimas, finjo, qué bien finjo, y cómo me duele de noche, cómo me llora el alma entre tanta lágrima. Amiga, lamento esta triste carta. Luego pasaron más cosas, pero ya no fueron importantes, no me importó tanto la trompa, el dolor grande me lo habían hecho ya una semana antes, cuando me dijeron "que había que disolver el embarazo". Trato de aparentar que estoy bien, pero a partir de ahora no te prometo nada, porque ya no puedo controlarme. La tristeza me domina, se impone. Sólo espero que el 19 llegue mi madre y yo no vuelva a estar ni un minuto sola al día, porque al estar sola pienso, pienso, pienso, cada minuto pienso que el 30 de abril yo estaba embarazada y Agu esperaba los 4 minutos de la prueba de embarazo porque yo no quería mirar. Y aquí estoy, sin saber cómo salir de esto.

Amiga, no te preocupes por mí. No lloraré delante de ti, como no lloro cuando está mi madre, ni lloro cuando está mi hermano, ni Agu, aunque todos sepan qué es lo que duele.

Aurora Isabel: mi angelito del cielo

Aída Isabel Rodríguez

Antes de que fueras concebida te deseaba.
Cuando fuiste concebida ya te amaba.
Antes de que murieras hubiera muerto por ti.
Te amo, Aurora Isabel,
desde las entrañas de la tierra hasta lo infinito del universo.
Tu mamá

Varias veces he pensado escribir sobre mi experiencia contigo: Aurora, Aurora Isabel para tu papá, Aurora mía, Aurorita para tus hermanitos. Se me ha hecho tan difícil. Dicen que a los escritores las palabras les fluyen de las emociones y del sufrimiento. Esta vez he pensado y repensado; no encuentro ninguna que me satisfaga.

Mi experiencia contigo se ha convertido en varios meses de amor y a la vez de mucho sufrimiento. Eres la única de mis hijos que no he podido besar, arrullar, cantarte una canción, amamantarte, ver tu sonrisa, enseñarte una palabra. El único recuerdo que tengo tuyo con vida son tus movimientos dentro de mí. ¡Que activa fuiste siempre! Te sentí la primera vez a las doce semanas y nadie me creía. Días más tarde corrí a donde tu papá para que sintiera y que confirmara que ya te movías.

A veces, la maternidad es difícil. Para concebir a Alexia Zoé y a Abdiel Airam tuve dificultades. Gracias a los medicamentos tuve la dicha de tenerlos. Para concebirte a ti, tuve que recurrir de nuevo a medicamentos; eres el grato recuerdo de cinco meses compartidos.

En algún momento del mes de junio de 1999, tu papá y yo te concebimos. Me hice una prueba de embarazo casera pues sentía que estabas dentro de mí. Dio positiva. Ese mismo sábado corrí donde una amiga para hacerme la prueba de sangre. Qué decepción cuando resultó negativa y pensé que la prueba de orina no había sido correcta. Días más tarde repetí la prueba de sangre. Mi intuición me decía que estabas ahí. Efectivamente salió positiva.

Muy pronto y a través de una máquina de sonograma vi latir tu corazón. Tu primer signo de vida. Fue emocionante ya que durante el año anterior había perdido dos embarazos en las primeras semanas y nunca pude ver su corazón. Para mí, esto era evidencia de que todo saldría bien. ¡Qué ilusión!

Durante tu embarazo hubo varias complicaciones. Gracias a Dios nunca he experimentado lo que llaman "mala barriga": sin vomito y sin malestares. Sin embargo, en tu embarazo sufrí una sinusitis fuertísima. Qué agonía, ya que había decidido no tomar medicamentos por miedo de hacerte daño. Alrededor de las ocho semanas sentí un dolor fuerte en el vientre durante la noche y temí perderte; en la mañana se alivió. Esa misma semana volví al médico y te vi a través de un sonograma. Eso me tranquilizó mucho. Cuando te vimos estabas dormida y eso intranquilizó al médico y me ordenó exámenes ya que no pudo hacer que te movieras de ninguna manera. Salí del consultorio con una orden de pruebas de laboratorio y al otro día me las hice. El azúcar estaba muy alto. Necesitaba hacer dieta. Llamé a una amiga nutricionista y me dio las indicaciones necesarias. Comencé de inmediato y me sentí mucho mejor, espero que tú también hayas notado el cambio.

Siempre he pensado que los medicamentos durante el embarazo se deben evitar, y para mi desgracia, me dieron unas migrañas insoportables. Tuve que recurrir a los medicamentos. Se controlaron enseguida y sólo los tomé por dos días.

A las dieciséis semanas comencé a sentirme mal, cansada e inapetente. Sentía que algo andaba mal. Sentía contracciones. Por unos días pensé que eran contracciones preparatorias y no hice nada. Hablando con mi monitriz, me dijo que era muy pronto para ese tipo de contracciones. Por tal razón me inquieté. Llamé al médico y me dijo que fuera a la oficina para cotejar. En la oficina el médico me dijo que todo estaba bien y que eran contracciones porque los ligamentos redondos estaban lastimados. Me ordenó descanso y así lo hice. Una amiga me habló de una faja para ayudar con el peso del abdomen en estos casos y consulté al médico. Este me dijo que la usara luego de varios días de descanso. Así hice. Me sentí tan bien. Además me daba tranquilidad.

Regresé al médico el siguiente miércoles y me revisaron. Te vi nuevamente, ¡qué ventaja los sonogramas! Tengo unas fotos de tu carita. Ese es el último recuerdo que tengo tuyo con vida. El médico dijo que todo estaba bien; yo estaba mucho más tranquila.

El viernes de esa semana de nuevo comencé a sentirme muy cansada. Decidí bajar mi prisa por la vida. Para mí, tu bienestar era lo más importante. Todos los viernes tus hermanos y yo vamos a McDonalds como premio a su esfuerzo escolar en la semana. Decidí no ir. Llegamos a la casa, tus hermanos se bañaron y nos acostamos a dormir una siesta. Más tarde me levanté, cociné y tu papá llegó. Trajo películas para que descansáramos esa tarde. Comimos, y nos acostamos a verlas. Estaba tan cansada que me dormí en los brazos de tu papá. Aurora, ¿sabes? . . . Amo mucho a tu papá y lo necesito cuando tengo miedo o estoy en problemas. Nunca sentirás sus fuertes brazos. Cuando algo anda mal y nos abraza a mí o a tus hermanos sentimos cuánto desea protegernos. Nada andará mal contigo y no necesitarás sus abrazos.

En la mañana del sábado me levanté y me aterroricé. Estaba sangrando. Llamé a tu papá y salimos corriendo hacia el hospital. El médico dijo que todo estaba bien pero que debía tomar medicamentos para detener las contracciones. Aseguró que todo saldría bien si mantenía descanso absoluto. Esa tarde no me levanté, pero las contracciones siguieron. Llamé al médico en la noche y me dijo que usara más medicamentos. Las contracciones se detuvieron y pude dormir bien.

Al levantarme el domingo sentía que algo andaba mal. Al ir al baño noté que ya no sangraba, pero me sentía rara. Segundos más tarde sentí y vi que parte del saco amniótico estaba saliendo. Llamé a tu papá. Se puso muy nervioso, pero me ayudó a vestirme. Fuimos nuevamente al hospital. Cuando llegué, la enfermera me examinó y me dijo que no sentía nada mal y que mi cuello no estaba tan dilatado. Me sentí aliviada. Temía tanto perderte. El doctor me examinó y dijo que todo estaba como el día anterior y que yo estaba demasiado tensa. Me ordenó un sonograma para que así pudiera irme tranquila a casa.

Cuando me hicieron el sonograma estaba tu papá, la técnica de sonogramas y el médico. Se dieron cuenta de que estaba dilatada y el médico dijo que me quedaría en el hospital. Quería intentar un "cerclaje" para ver si podía detener el parto. Sabía que si intentabas nacer no te salvarías. Eras tan pequeña, sólo diecinueve semanas y seis días. Intenté dialogar con el médico, pero él quería tener más información antes de tomar una decisión.

Cuando se fue le pedí a tu papá que no permitiera que el médico hiciera nada. Sería la voluntad de Dios. Temía que si el médico intentaba hacer algo te iría a hacer daño y no hubiera podido soportarlo. Temía tanto por ti que no importaba ni mi miedo ni mi dolor. Tu papá y la técnica intentaban darme ánimo y esperanzas, pero me dio una contracción y rompí fuente. Ya no había nada que se pudiera hacer. Morirías dentro de mí sin que nadie pudiera hacer nada. Nada podría hacer que vinieras al mundo con vida. Te vi morir a través de la máquina de sonogramas, la misma que me permitió ver tu corta vida. Mientras te alejabas de la vida me mantuve acariciándote a través de mi vientre y te decía y repetía que te amaba. Quería que llegaras a los brazos de Dios llena de mi amor. Tus signos fetales se fueron a las dos de la tarde, pero, quedaba un gran trecho por recorrer. Había que esperar a que nacieras.

Alrededor de las nueve de la noche naciste. Deseaba verte y el médico te trajo puesta en una servilleta blanca. No sé si es mi amor de madre, pero te vi tan linda, te me pareciste a tu hermana. Estabas tan perfecta, completita, tus manitas y piecitos tan pequeños. Tan especial. Parecías un angelito. En ese momento el mundo se me vino encima. No te vería otra vez. Cuando la enfermera te llevó del cuarto quise detenerla. Quise tenerte en mis brazos al menos por unos instantes, pero tuve miedo de hacerte daño. Te veías tan frágil. Nunca pude acariciarte. Aurora mía.

Aurora, tus casi cinco meses de vida me llenaron de ilusión y felicidad. Ahora he quedado tan vacía. Todos me dicen que tengo dos hijos más, y un esposo que me necesitan y es cierto, tengo que reponerme. Creo que nunca una madre se repone de la muerte de un hijo; más si ese hijo es deseado y amado desde que se concibe.

Esta carta es mi despedida, pero no tengo dirección a donde enviarla. Eres un ángel del cielo y no hay correo humano que llegue hasta allá. Aún así la escribo, tal vez en un intento de aminorar el dolor y el vacío que quedó en mi alma; pensando que en cada movimiento de mis manos al escribir tú escuchas en el cielo los pensamientos que fluyen de mi mente y me entiendes.

Tengo tanto miedo. No sé cómo enfrentar la vida. Donde quiera que veo un bebé te veo a ti. Cuando veo mujeres embarazadas me veo a mí misma durante tus cinco meses.

Te extraño tanto. Desde que te concebí imaginaba que serías una niña, alta como tu hermana, rubia como tu hermano y de ojos azules que heredarías de tu abuelo. Ojos que quería que heredaras de mi papá. Son tan lindos y nadie en la familia los ha heredado. Nunca pude ver tus ojos, los tenías cerrados, pero los imagino grandes y azules.

Aurora, sé que esta experiencia tiene una razón de ser en mi vida, aunque ahora no le encuentro sentido. Tal vez nunca pueda encontrársela, pero lo único que sé es que tu corta vida me dio otra perspectiva de la vida. Cada día hay que vivirlo como el último. Tu partida ha aumentado mi fe en Dios. Sé que Él es el que sabe todas las cosas y tal vez en otro momento pueda tener la gracia de sentir en mis brazos otro hermano o hermana tuya. Nunca serás sustituida, pero sé que ambas nos alegraríamos. Sé que sabes cuánto amo a mis hijos pues sé que sentiste mi amor.

Aurora, han pasado dos semanas desde que te fuiste. Cada domingo a las dos de la tarde te repetiré que te amo. Cada vez que mi corazón late te dice te amo. Sé que no estás conmigo, pero también sé que siempre serás parte de mi vida. Te llevaré siempre en mi corazón. Nunca, nada ni nadie podrá hacer que el amor que te tengo acabe. Con el tiempo, serás un grato recuerdo, mientras tanto espero que el dolor de no tenerte cada día sea menor y que la ilusión de la vida vuelva poco a poco.

Aurora, espero haber sido una buena madre contigo y que tu recuerdo sea tan dulce como el mío.

Te amo, tu Mamá

Recuerdos de mi niño que no nació

Pili Peña Vázquez

Hace casi tres años, estaba esperando mi cuarto bebé. Saber que estaba embarazada resultó sorpresivo. Por un lado, siendo madre de tres niños, en ese entonces de 10, 7 y 4 años, digamos que en edad escolar, un nuevo embarazo significaba empezar de nuevo. Dejar de lado, otra más, mi recién retomado trabajo de medio tiempo, las salidas nocturnas con mi marido, los ejercicios físicos y deportes que estaba practicando. Además, haciendo los cálculos mentales de fechas y eventos, los resultados no concordaban, las fechas no eran las propicias a ser fértiles; me sentía rodeada de incertidumbre —invadida por un intruso—.

Recuerdo que mis sentimientos hacia el bebé fueron suavizándose. Desde casi un rechazo inicial, ahora se convertían lentamente en apego y amor. Sin embargo, ya previendo el largo receso laboral que me esperaba, decidí embarcarme de lleno en finalizar un proyecto ya empezado, lo que me demandaba muchas horas de trabajo diario y nocturno; mucha tensión y poco descanso.

Así llegué a la duodécima semana de embarazo, con una mezcla interna de sentimientos, para entonces aceptados, y ya finalizadas las largas jornadas de trabajo de las semanas anteriores. Estaba de vuelta asumiendo mi embarazo, un poco resignada, pero con sentimientos que iban transformándose ante las sonrisas de mis niños, ante las fotos de sus años anteriores, ante los bebés que iba viendo a mi alrededor.

Una mañana de esas, amanecí con un leve sangrado. La verdad es que no me sentí preocupada, habiendo tenido tres embarazos prácticamente "perfectos", saludables, activos, sin molestias graves, este sangrado, me tenía casi sin cuidado. Mi doctora me sugirió reposo y que la llamara si seguía esta situación. El leve sangrado volvió esa tarde, y ya mi doctora me citó para una ecografía. Esa tarde mi marido y yo fuimos a la consulta.

Aún recuerdo la voz y la cara de la ecografista, y su diagnostico: "No hay movimiento". Agregó que el crecimiento fetal correspondía a un embrión de siete semanas. Hasta ahora, al escribir, siento la inmensa tristeza que me invadió en ese momento. Un sentimiento fatal, de muerte, de desolación. Un sentimiento de abandono, de mala madre, de impotencia, de culpa.

Los eventos que siguieron sólo empeoraron mi estado de tristeza, la estadía hospitalaria posterior, la administración de anestesia para el correspondiente curetaje, el desprendimiento fetal súbito en medio de la noche, la consecuente dada de alta, y de que ya está todo bien, y los comentarios de los que me rodeaban que iban desde "Es mejor que haya sido así", pasando por el "Dios sabe por qué", hasta "Debes estar agradecida por tus otros hijos" y "Mejor un aborto espontáneo que un niño con problemas . . ."

Recuerdo que durante los meses que siguieron me rodeaba la tristeza, la culpa, la impotencia, y la repugnancia hacia mi propio cuerpo. Veía a los bebés que nacían cuando debía haber nacido el mío, y les tenía rabia, envidia. Me sentía triste y culpable por la muerte de mi niño, triste por mí misma: por no haber apreciado su vida, por no haberla valorado; culpable por no haberlo querido lo suficiente, y por lo soberbia que había sido. Sentía que Dios y mi bebé me habían castigado por mi falta de amor. Pensaba que Dios y la Naturaleza habían sido crueles, crueles por haberme dado un cuerpo incapaz de retener un niño; crueles por haberme dado un niño y luego arrancármelo de mi cuerpo, sin que yo me haya dado cuenta de ello . . .

Hoy, esos días han pasado, y sólo el tiempo me ha reconciliado con mi cuerpo, con Dios, con la Naturaleza. El pequeño embrión de siete semanas con su bolsita y placenta, o sea mi niño perdido, se ha convertido en abono para un hermoso árbol, que ahora crece fuerte y robusto en el patio de mi casa.

Después de esta pérdida, he leído e investigado, y ya me he reconciliado con la idea de que seguro este niño abandonó mi vientre, por motivos ajenos a mi voluntad física o espiritual.

Además me he hecho a la idea de que este niño es ahora un buen espíritu, un angelito, como llamamos aquí a los niños que fallecen, que cuida y vela por el bienestar de mis otros niños.

Laurita nació hace dos años, y Leila hace siete meses. Son dos niñas más que forman un hogar de cinco niños. Estos dos embarazos que siguieron fueron hermosos, pero mi actitud hacia ellos fue de cautela y respeto. La experiencia de haber perdido un bebé, mi niño que no nació, me ha ayudado a tener mayor respeto hacia la vida, y a pensar en los embarazos y los bebes que todavía no nacieron, como milagros de la naturaleza.

Aún hoy, en mi mesita de noche, tengo guardada la "foto" de la única ecografía que tuve de mi niño perdido. Constantemente, al buscar cosas, su recuerdo me acompaña y reconforta. Además, sonrió al pensar que en unos años más, florecerá el árbol, un hermoso tayi amarillo, plantado en su nombre. De esta manera, su presencia seguirá iluminando nuestro hogar.

Florencia y su paso por la vida

Silvia Viale

Hace ya veintitrés años tuve la triste experiencia de perder una hija recién nacida. Ya era madre de un varón de tres años, nacido de parto normal, tal como me lo había propuesto. Siempre tuve la ilusión de tener varios hijos; adoro a los niños. El segundo embarazo deseado se produjo luego de un estudio ginecológico para permeabilizar las Trompas de Falopio que fueron obstruidas por una enfermedad pelviana. Quedé embarazada y fui feliz. A los cuatro meses de gestación descubrieron que el bebé no crecía lo suficiente. Fui objeto de abuso verbal por parte de un médico que realizaba estudios genéticos, quién me dijo que a mi edad (38 años) era una locura engendrar un hijo. Con mi esposo tomamos la decisión de no realizar el estudio porque cualquiera que fuese su resultado, seguiríamos adelante con nuestro embarazo.

Fue muy difícil pensar en las probables dificultades que podría afrontar mi bebé. Me realizaron ecografías y me comunicaban que el bebé era pequeño, (desconocíamos el sexo) pero que el resto estaba todo bien. Pasaron cinco meses de tortura hasta que nació el 15 de febrero de 1979, a las 1:30 hrs., pesó 2.500 grs., y su nombre fue Florencia.

Salimos de la sala de partos juntas y felices. La prendí al pecho inmediatamente y le gustó. Toda la familia disfrutaba el nacimiento. No podíamos creer, por lo que habíamos sufrido durante el embarazo, que la bebé estuviera al fin con nosotros.

Se parecía a mi hermana mayor, succionaba con perfección y supe que no tendría problemas con su alimentación. Todo ese día fue de festejos. Al atardecer nos quedamos solas con mi madre. Mi esposo pasaría la noche con Manuelito. Alrededor de las diez de la noche, Florencia comenzó a inquietarse, le ofrecía el pecho y mientras mamaba, sollozaba. Cuando noté que ya mi pecho no la calmaba, observé que sus ojitos perdían brillo. Le examiné los bracitos y estos estaban amoratados. Recuerdo que me asusté muchísimo. Mi madre pegó un salto desde la cama y llamó al médico de guardia. Se llevaron a la bebé a una incubadora, lejos de mí. No había médico pediatra las 24 horas ni tampoco servicio de Neonatología.

De inmediato llegó mi esposo a hacerme compañía. Pasamos una noche muy difícil y a la mañana siguiente, mi obstetra nos dio la trágica noticia de que Florencia había muerto. No puedo explicar la conmoción vivida. Mantuve un estado de rápida resignación, no quería hacer sufrir más a mi esposo ni a mi hijo. Pensé que yo estaba recibiendo un gran castigo y también pensé que no lo merecía.

Por consejo del obstetra, autorizamos la necropsia para saber qué había causado la pérdida de nuestra hijita. A los pocos días nos informaron que padecía de Estenosis Severa De Aorta, incompatible con la vida extrauterina. Vivió compensada dentro de mi vientre pero no pudo sobrevivir fuera de él.

Tuve la gran suerte de que su cuerpecito aceptara por unas pocas horas vivir y tolerar la vida. Pienso que le regalé unos instantes de mucho amor; se fue con mi sabor a mamá y a la leche. Al recordarla no puedo dejar de llorar. Siempre sentí que si no hubiese sido porque estuvimos en estrecho contacto, que creamos un gran vínculo y lo disfrutamos, no sé si hubiese podido soportar tanto dolor.

Regresar a casa sin ella fue otro momento impactante. Desarmar su cuna y guardar su ropa fue muy triste. Recuerdo que lloramos tanto con mi esposo que nos quedamos dormidos.

Agradecí la sugerencia al obstetra; sin el diagnóstico anatomopatológico aún estaría pensando cuál habría sido la causa. Necesité apoyo terapéutico para aliviar mi tristeza, poco a poco fui soportando ese dolor y ocho meses después mi cuerpo me avisaba que una nueva vida se estaba gestando. ¡Qué gran alegría! ¡Qué sentimientos tan hermosos sentí! ¡Qué fuerte volví a ser!

Virginia nació en junio de 1980, vivimos el embarazo con total normalidad y decidimos no hacer ningún estudio genético porque la queríamos como fuese y porque las consultas con expertos nos aseguraron que el defecto de Florencia había ocurrido durante su desarrollo, es decir era congénito y no genético.

Es hermoso tener un hijo y es penoso perderlo; nunca será reemplazado por otro hijo. Florencia ocupa su lugar, un lugar en todos nosotros, y en especial en mi corazón.

Emilio Joaquín, mi angelito que se fue

Anita Argüello de Aguirre

Tuve una experiencia de pérdida con mi primer bebé. Habíamos esperado tres años para empezar una familia debido a nuestras ocupaciones con los estudios y trabajo. Cuando quisimos intentarlo fue muy difícil concebir. El médico que me atendió me recetó todo tipo de medicamentos para poder concebir y no pasaba nada. Mi ansiedad cada vez era mayor y era muy difícil pensar en esta situación. Había acudido a todo lo que estaba a mi alcance pero nada daba resultado.

En agosto me hice una prueba y supe que estaba embarazada; qué emoción teníamos, casi estábamos locos y de inmediato salimos a comprar cositas para nuestro primer bebé. Así transcurrieron las primeras semanas y cuando cumplí casi tres meses tuve una pérdida de sangre pequeña, de inmediato fui al médico y me examinó, pero al volver a casa la pérdida fue cada vez mayor y el bebé no pudo mantenerse en mi vientre. Cuando el médico me dijo que ya no había remedio, me descontrolé por completo, me enoje mucho por la situación e incluso me enoje con Dios. No podía aceptar que me estaba pasando esto. Lloré mucho, pero tuve que resignarme.

Me llevaron al quirófano para hacerme un curetaje. Sentí que era mi final, porque creí que iba a morir cuando me pusieron la anestesia. Fue una experiencia horrible y sólo recuerdo despertar y de alguna manera reconfortarme por sentirme viva. No supe exactamente por qué pasó, pero sé muy bien que esta pérdida me cambió para siempre.

Fue difícil superar todo, pasar mi luto por mi bebé tan anhelado. Creo que sólo cuando vi nacer a Manuel Agustín —mi segundo parto— volví a creer en la vida. Quedé muy afectada y en mi segundo embarazo temí mucho que se repitiera la experiencia. Mis dos hijos, Manuelito de 12 años y Carlitos de 9, nacieron gracias a un tratamiento preciso de un buen médico que dio con nuestros males. Paula Sofía de casi 3 años vino como un regalo de Dios, inesperadamente, y estamos agradecidos por habernos dado estos hijos tan maravillosos. Emilio Joaquín, el primer bebé que se fue al cielo, siempre ha hecho parte de nuestra familia.

Lara nos protege desde el cielo

Viviana E. Lorenzo

Tengo dos hijas, aunque siempre digo que tengo tres: Sofía, de 15 y Julieta de 11. Cuando Sofía estaba en quinto grado y Julieta en primero, quedé embarazada de Lara. Este agosto del 2002, cumpliría 5 años. Quedé embarazada cuando mi esposo estaba trabajando en San Luis, así que todo fue bastante difícil.

No fue un embarazo buscado, pero no por eso, no deseado. Muy por el contrario, todos esperábamos a esa beba con muchísimos deseos. El embarazo fue controlado y sin ningún contratiempo. El último mes, entre el octavo y noveno, tuve dolores que para mí eran contracciones. Fui a la clínica, me revisaron, me hicieron una ecografía, y no encontraron los latidos. La noticia fue que mi bebé estaba muerta. A todos nos costó recuperarnos y recurrimos a la ayuda de un tratamiento psicológico. Se nos había juntado todo. En el mes de diciembre anterior había fallecido mi papá. El abuelo siempre iba a buscar las nenas al colegio. Él era quien las escuchaba, y ahora, esta pérdida.

Cuando la doctora me dio la noticia, llamé a mi marido a su trabajo en San Luis para contarle. Mientras tanto la doctora me hacía miles de preguntas, si quería un parto normal, o cesárea. Con parto normal, me decía, no iba a quedar cicatriz, pero yo le decía que la herida iba a estar siempre en mi corazón. Nuestra hija tiene nombre, se llama Lara, y cuando me preguntan cuántas hijas tengo, yo les contesto tres, dos conmigo y una en el cielo. Así lo siento. Y si la pregunta me la hacen delante de mis hijas, si yo me equivoco, ellas me corrigen y me recuerdan que tengo que decir que mis hijas son tres.

Superar este momento fue muy difícil. Me sentía dentro de una burbuja. No podía interactuar con la gente porque no entendía ni escuchaba lo que me decían. La doctora me recetó droga para controlar el flujo de leche. El medicamento actuó en forma contraria, y ocasionó exceso de leche y fiebre. Creo que mi hija encontró el camino más corto para llegar a Dios, y que mi papá también quería tener a una nieta con él. Pero aunque se tenga fe, el dolor es dolor, y a veces no se entiende ni se sabe cómo explicarle a los hijos.

El seguro médico no me reconocía las curaciones porque la bebé no había llorado al nacer, por lo tanto no había nacido. Fui a consultar con la abogada del seguro y también me dijo lo mismo. La ley no lo contemplaba porque no había llorado al nacer. Así pasaron como dos semanas, llorando por todos los escritorios explicando mi caso. Un buen día, cuando había ido al hospital para visitar el odontólogo de Sofía y Julieta, una empleada me vio pasar, se acordó de mi caso, y me dijo que habían estado tratando el tema y que me iban a cubrir las curaciones, medicamentos y demás cosas.

Le respondí que me parecía bien, y que esperaba sentar algún precedente para otros casos que pudieran presentarse. Lo único que tengo que reprochar fue que necesité una psicóloga en la clínica, y el departamento de salud mental en ningún momento consideró ni se enteró de mi caso, porque ellos no hacían parte de mi seguro médico. El personal en general fue muy atento por lo que le escribimos una carta de agradecimiento como familia.

Lo único que me reprocho, es que no pedí que me mostraran a Lara. Mis hijas hoy dicen que querían verla. Lo primero que me dijeron los médicos fue: "Olvídate, no la veas". Sólo mi esposo, mi suegro y mi mamá la conocieron. Tendré que esperar para verla . . .

Moraleja: "El dolor también enseña".

Nuestro corazón para cuatro

Artemis Aída Garris

Poner palabras a los sentimientos es complicado. Abrir el corazón y dejar esa parte tan íntima al descubierto me deja vulnerable. Pero para poder sanar las heridas que tenía por la pérdida de mis bebés, era importante darle a esos sentimientos su propia voz.

Mi historia comienza con mi primer embarazo. Desde el principio tuve problemas de sangrado que se agudizaron cuando llegué a la octava o novena semana, pasé muchas semanas en cama con dolor. En la vigésima semana empecé con contracciones. Fue necesario llevarme al hospital para ser atendida. Al final todo salió bien y tuvimos un niñito saludable y hermoso, lo llamamos Isaac.

Mi esposo y yo planeábamos tener más bebés, y dentro de nuestros planes estaba esperar un par de años y tratar nuevamente. Después de dos años nos embarazamos. Todo iba bien hasta llegar a la séptima semana. Fui al ultrasonido y el doctor me pidió regresar en un par de semanas porque al parecer no tenía el tiempo de embarazo que creíamos. Al regresar a un nuevo ultrasonido los resultados no mostraban cambio alguno con el resultado anterior. Recibimos la devastadora noticia de que nuestro bebé había dejado de crecer alrededor de la quinta semana.

El doctor nos dijo que había dos opciones. Una era dejar que mi cuerpo expulsara al bebé y la otra sería una situación controlada donde no habría hemorragia y sería indolora. Mi esposo y yo decidimos por la segunda opción y al día siguiente me admitieron al hospital para un D&C. Aparte del dolor que esta situación nos provocó a mi esposo y a mí, una de las peores partes fue la actitud que el doctor tomó ante nuestra situación: "Oh, eso es muy común. No se preocupen, eso pasa todos los días. Yo atiendo por lo menos cuatro casos como estos a la semana". A mí no me importaba si perder a un bebé era común o no y si él tenia uno o cien casos a la semana. Era la primera vez para mí y eso era suficiente. También dijo: "Esperen un par de meses y traten de nuevo". Esa fue la última vez que vimos a ese doctor.

Bob y yo decidimos esperar seis meses antes de intentar un nuevo embarazo. Al pasar este tiempo lo logramos. Debo confesar que desde que me enteré de que nuestro bebé venía en camino, una angustia constante me atormentaba. Al llegar a la séptima semana de embarazo me citó mi nuevo médico para un ultrasonido. Los resultados fueron que no se detectaba aún el corazón del bebé por lo que era necesario hacer un nuevo ultrasonido en dos semanas. La posibilidad que yo añoraba es que tuviera menos tiempo de embarazo del que creíamos. Al pasar dos semanas fui para un nuevo estudio y esta vez sí pudimos escuchar los latidos del corazón de nuestro bebé. ¡Mi felicidad era completa! La angustia que había tenido durante las últimas semanas se disipó y creí que esta vez tendríamos la dicha de tener a nuestro bebito con nosotros.

Las siguientes cuatro semanas pasaron sin contratiempos, pero al llegar a la duodécima semana de embarazo, empecé a sentirme muy cansada y con dolores en mi vientre. El jueves de esa semana desperté con un sangrado muy leve, apenas unas gotas, pero en el transcurso de ese día el sangrado se intensificó y al final del día parecía como si estuviera dentro de mi período menstrual normal. Al día siguiente fui al doctor y al hacerme el ultrasonido pudimos ver que mi bebito estaba muerto. El doctor me dijo que estaba en medio de lo que se llama aborto en proceso, por lo que era necesario ir al hospital y hacerme el D&C. Al llegar al hospital hubo una confusión con el papeleo que debíamos llevar. Por arreglar este problema, se hizo tarde en el día para hacer nada. El doctor decidió hacerlo a la mañana siguiente.

Mi esposo y yo regresamos a casa con nuestros corazones muy tristes. Yo seguía con los dolores de las contracciones y mi cuerpo expulsó mi placenta estando en casa. Fue como dar a luz en casa; o al menos los dolores eran de parto. Es una de las peores experiencias que he tenido en mi vida. Una de las más dolorosas tanto física como emocional. Fue un sentimiento de vacío, de pérdida, de ilusión rota. Es algo que las palabras no pueden expresar.

Para mi esposo también fue una vivencia dolorosa, ya que a él fue al que le tocó hacerse cargo de todo. Llamó al doctor y éste le pidió que recuperara lo que mi cuerpo había expulsado ya que necesitaba verlo y estar seguro que era la bolsa o placenta. Él se arrodilló en el baño, con una bolsa de plástico en su mano, para tratar de sacar de la taza lo que yo había expulsado. Después de un buen rato logró sacar la bolsa y la puso en un frasco de cristal. Al día siguiente que fuimos para el D&C llevamos el frasco y el doctor lo vio y dijo: "Sí, efectivamente es la bolsa o placenta. Aún tenemos que hacer limpieza en el útero para evitar infecciones". Nuevamente pasamos por el proceso de anestesia. Después de esto se inició el proceso de salir adelante del dolor y la pérdida. Hasta la fecha, mi esposo cree que el primer bebé era un niño y el segundo bebé que perdimos era una niña.

Parte de nuestro proceso de sanación fue primero darle nombre a cada uno de nuestros hijos y llorar su pérdida. Nos dimos un tiempo de luto por cada uno de ellos. Después de haber pasado estas dos experiencias, el doctor mencionó que era importante saber qué había pasado y por qué había tenido dos abortos espontáneos. Me ordenó una serie de estudios, un par de ellos muy molestos que a fin de cuentas resultaron negativos.

Sin planificar un nuevo embarazo, Dios nos dio la dicha de tener un bebé más. Mi cuarto embarazo fue también un poco difícil con complicaciones de diabetes gestacional. Las primeras semanas estuvieron llenas de tensión y angustia. La sola idea de esperar un nuevo bebé me aterrorizaba ya que el miedo de pasar por una nueva pérdida era más de lo que yo podía soportar. Al enterarme de mi estado, lloré mucho y por muchos días; creo que al pasar la decimoquinta semana fue cuando yo empecé a sentir una esperanza de que esta vez sí fuéramos a tener a nuestro bebito. Jonathan nació a las treinta y seis semanas de gestación.

Acabamos de celebrar su segundo cumpleaños y es un bebé muy sano y hermoso. Él ha venido a completar nuestra familia y ahora podemos decir que estamos más que satisfechos con la bendición tan grande que son nuestros hijos.

Bob y yo sabemos en nuestro corazón que Dios nos dio la bendición de tener cuatro hijos: dos que están con nosotros y dos más que ya están en el cielo.

Recordando a mi primer bebé

Frances R. Ferrand

Tenía más de seis años de casada cuando mi esposo y yo comenzamos a soñar con tener un bebé. No nos tomó mucho tiempo decidirnos. Teníamos once sobrinos que nos hacían considerar la idea de un bebé propio cada vez que nos reuníamos.

En el verano de 1999 sospeché que estaba embarazada. Tan pronto ese pensamiento entró a mi cabeza, no podía dejar de desear que fuera cierto por lo que hice la prueba casera junto a mi esposo. Al aparecer las dos pequeñas marcas rosadas quedó confirmada nuestra sospecha. Venía un bebé en camino.

Planifiqué cuidadosamente cómo darle la noticia a nuestros seres queridos. Todos se regocijaron pues éramos los únicos sin hijos en nuestras respectivas familias. Ya llevábamos tiempo recibiendo bromas e insinuaciones de todos. Ansiosamente querían que añadiéramos un miembro más a la familia.

Todo parecía marchar a la perfección. Me sentía feliz, agradecida a Dios por el milagro que apenas comenzaba. Apenas tuve tiempo para asimilar lo que pasaba. Tenía unas semanas de embarazo cuando algo comenzó a ir mal. La sensación de un embarazo malogrado me aterrorizaba. "No puede ser, me he cuidado bien . . ." pensaba. Tomó unos dos días para que todo terminara. No podía creerlo. Me parecía un sueño irreal y lejano.

"No te preocupes, quizás había algo mal con el bebé. Por lo menos ya sabes que si puedes tener hijos". Así me decían algunos con la mejor intención de animarme. Pero encontraba muy poca esperanza en esas palabras. Lo único que alivió mi tristeza fue el abrirle mi corazón al Señor y decirle cuánto me dolía el haber perdido a mi bebé y pedirle que me consolara. Era necesario admitir la pena y no tratar de ocultar la magnitud de mi situación. Una notita que recibí de mi cuñada fue como un bálsamo de consuelo que me permitió por primera vez llorar y exteriorizar mis sentimientos. Lo único que me escribió fue: "No sabes cuánto siento tu pérdida. Estoy orando por ti". Eso era todo lo que necesitaba en ese momento.

Poco a poco fui recibiendo consuelo y alivio interior. Orar junto a mi esposo me hizo mucho bien pues fue en esa comunicación íntima con Dios que pudimos confiarle nuestros sentimientos y entregarle nuestro dolor.

Dios fue maravilloso con nosotros y en sólo tres meses nos dio la bendición de concebir un bebé. Al principio estaba nerviosa y preocupada pero esta vez vimos el milagro de la vida completado en una hermosa niña que llamamos Isabel Rebeca. Esta experiencia nos hizo entender cuán delicado es el proceso de dar vida y cuán dependientes somos de la voluntad de Dios.

A veces me sorprendo pensando en cómo hubiese sido mi bebé. Cuántos años tendría ahora, qué cosas le hubiese gustado hacer, cómo se llevaría con su hermanita menor, Isabel. Me ilusiona el pensar que ese niñito o niñita, que tocó mi vida por tan corto tiempo, me está esperando en el cielo y que un día veré esa carita que jamás he visto y le reconoceré en un segundo.

Esperando que pase el invierno

Barbara Bolick

Sábado, 18 de mayo de 2002

La emoción de mi embarazo no duró mucho. Después de semanas de intensa mala barriga, me levanté un día sintiéndome como si nada. Pensaba que todo había pasado, y en un sentido así fue. El bebé se había ido. Sin ninguna explicación, no había latidos de su corazón a la novena semana y luego a la décima. Hicimos un viaje al hospital y todo terminó.

Y ahora, aquí estoy. Tengo a otros a mi alrededor tratando de ayudarme, pero en realidad estoy muy sola. Yo soy la única a quien le sacaron el bebé. Y ahora, estoy esperando con un vientre y un corazón vacío. La esperanza de un bebé que nacería en la primavera me iba a ayudar a pasar este invierno. Los inviernos son largos y fríos en Chile y no quiero ni imaginar intentarlo otra vez hasta que termine este invierno. Así que, no hay lugar donde correr, no hay lugar donde escapar del frío a mi alrededor o del frío en mi corazón. Lo único que puedo hacer es esperar.

Martes, 21 de mayo de 2002

Hoy llevé a Jack afuera a inspeccionar las flores. Al mirarlas, me di cuenta que la mayoría de nuestras plantas estaban muertas o muriéndose. Le pregunté a Dios por qué Él no pudo darle a mis flores al menos un par de semanas más. Me puse a trabajar arrancando las plantas muertas. Un rato más tarde, Jack y yo salimos a caminar en el aire frío de la tarde. Contra el fondo de un hermoso atardecer chileno, vi la silueta de nuestro jardinero, empujando su carreta en dirección a nosotros. Pensé que era raro verlo tan tarde en domingo. Nos saludamos y él se detuvo para mostrarme las nuevas adiciones a su carreta. Le pedí plantas de interiores pero él sólo tenía para jardines exteriores. Tengo que admitir que mi agria respuesta me sorprendió. "Todo está muerto o muriéndose ahora, ¿de qué vale?" Me sonrió y me contestó: "Pero hay toda clase de plantas que son perfectas para plantar en el invierno". Escogí algunas cosas incluyendo una dafnia garantizada para florecer a mitad de invierno.

Miércoles, 17 de julio de 2002

Han pasado dos meses desde que regresé del hospital. La dafnia está floreciendo en el patio, como me lo prometieron, y yo estoy firme. Ya he pasado la mitad del invierno. Hace unos días salí a una larga caminata. Pareciera que desde que perdí el bebé mis caminatas son mi terapia. Estuve pensando en mi bebé que nunca nació, preguntándome dónde estaría ahora y qué debo hacer con todo el amor que tenía reservado para esta criatura. Decidí que quería amarle por ser una personita que necesitaría de una mamá.

No sé por qué perdimos nuestro bebé pero sé que Dios nos ama, y Él ama a la criaturita que perdimos tanto como nosotros. Así que, sigo esperando, pero con una flor floreciendo en mi jardín y con esperanza de una nueva oportunidad en la primavera.

Los misteriosos planes de Dios

Estela L. Schweissing

Una de las sorpresas más bonitas y agradables de mi vida fue darme cuenta de que estaba esperando un bebé. Después de cinco años de casada y de haber casi perdido la esperanza de procrear, no se puede explicar el gozo y la alegría que fluía de mi corazón. Nunca olvidaré la tarde del lunes, 20 de diciembre del 1999 cuando la doctora me llamó a mi casa para confirmar mi embarazo. Desde ese momento los planes comenzaron: nombres, cómo será, niña o niño, blanco, negrito o morenito.

En el tiempo que quedé embarazada, mi esposo y yo estábamos en procesos de entrevistas de trabajo. En varias ocasiones pensábamos cambiar de planes, y esperar hasta que el bebé naciera antes de tomar la decisión. Pensábamos en los lugares que nos gustaría ir con nuestro hijo. Muchos de los lugares no parecían muy convenientes para criarlo. Pensábamos en la educación que le daríamos, cuántos idiomas hablaría —nosotros hablamos tres: Español, Creole de Haití e Inglés—. Los planes que hacíamos para nuestro bebé se convirtieron en nuestra prioridad durante todo ese tiempo.

Los malestares del embarazo, por otro lado, no fueron tan dulces. Pero la idea de que muy pronto iba a tener a mi hijo en los brazos hacía que todo fuera dulce.

Las cosas comenzaron a cambiar cuando empecé a sentir algunos dolores leves en mi vientre. Fui entonces a la clínica y vieron que el feto no se movía. Ya se encontraba cerca de los tres meses de gestación. La doctora me envió de regreso a casa y me dijo que volviera al día siguiente para examinar si se registraba algún cambio. Cuando llegué a mi casa pensé que me estaba hundiendo. En ese momento hubiera dado todo lo que poseía para que todo volviera a la normalidad. Esa noche casi no pude dormir, mi esposo no sabía qué hacer y ni siquiera teníamos fuerzas para orar. A la mañana siguiente la doctora me atendió tan pronto llegué a la clínica. El resultado fue el mismo: el feto había muerto en mi vientre. Había perdido lo que con tanta ansiedad había esperado.

Las lágrimas pasaron a ser mi pan y agua; me sentía mal. Me preguntaba: "¿Por qué, qué hice?" Cuando llamé a mi hermana en la República Dominicana me dijo: "Hermanita, no preguntes por qué. Pídele a Dios que te enseñe el propósito". Dios sí tenía y tiene un propósito conmigo. Durante esos días de dolor había echado de menos las oraciones, no tenía fuerzas para orar. Pero cuando mi hermana me aconsejó que buscara el propósito de Dios para mi vida a través de la pérdida, descubrí que había desarrollado una dependencia total en Dios. Yo había comenzado a poner a Dios como número uno en todo lo que hacía y pensaba.

Fue entonces cuando empecé a leer la guía de estudios bíblicos en inglés, Becoming a Women of Purpose (Convirtiéndose en Mujeres de Propósito). Entendí con más claridad que a los hijos e hijas de Dios, todo lo que nos llega en la vida es con un propósito. La experiencia fue dolorosa pero he aprendido a aceptar los planes de Dios para mi vida. Muchas veces pienso en cómo sería mi bebé si no hubiera muerto. Sería saludable o sería una criatura con algún impedimento. No lo sé, pero ahora más que nunca sé que todo estuvo en los planes de mi Dios. Estaría mintiendo si digo que no pienso en el pasado; lamentablemente es imposible borrar lo vivido. Pero cada vez que llega a mi mente el drama del pasado, trato de mirar a un niño y extenderle mi amor.

La Biblia dice: "Dad gracias a Dios en todo y por todo". Yo le doy las gracias pues pudo haber sido más desastroso. Y hoy puedo asegurar que Dios ha aliviado mis penas y mi dolor.

Una vida que no alcanzó a nacer

Nidia Alvarado Alegría

Mi esposo Isaac y yo teníamos cinco años de casados y una hija de cuatro años cuando decidimos tener otro bebé. Nos preparamos como papás y preparamos a nuestra hija Estrella para que fuera más independiente en algunas actividades. Meses más tarde recibimos la noticia esperada, ¡íbamos a ser padres por segunda vez! Era una noticia que hacía acelerar las pulsaciones de nuestros corazones. Era una noticia que no podíamos callar.

Casi ocho semanas después llegó una leve hemorragia. Creímos que no era algo grave, pero de todas maneras, y para quedar más tranquilos, fuimos al doctor. Él nos dio una noticia que nos estremeció profundamente: nuestro bebé no estaba en el lugar apropiado. Se había ubicado en un costado cerca del cuello del útero. Era un principio de aborto, pero según el doctor, aún existía la posibilidad remota de que siguiera su desarrollo en ese lugar. En el fondo de nuestros corazones esperábamos un milagro de parte de Dios.

Estuve en reposo absoluto durante varios días, esperando aquel milagro, al cual nos habíamos aferrado. Yo, como mamá, pedí perdón a Dios, pues sentía cierta culpabilidad por lo que estaba sucediendo. A medida que pasaban los días, también pensamos en la posibilidad de que el milagro que esperábamos no se hiciera realidad. Renunciar al deseo de tener nuestro bebé no fue fácil, ya que estábamos hablando de nuestro hijo.

Este anhelo era tan fuerte que ni siquiera se nos había pasado por la mente que quizás la voluntad de Dios fuera otra. Pero tuvimos que renunciar a este deseo. Pensamos que si era perjudicial para el bebé seguir creciendo en ese lugar era mejor que Dios se lo llevara . . . No fue fácil decirlo.

Al cabo de siete días tuve un aborto espontáneo . . . era un pequeño saquito de una vida que dejó de latir . . . era nuestro hijo. Su corazón ya no latía más; llegué a escucharlo antes de que sucediera esto.

Sé que está en el cielo y que algún día lo veré y lo conoceré. Mi esposo tiene la impresión de que cuando lleguemos al cielo nuestro hijo le tirará los pantalones para indicarle que es él.

Isaac recomienda a quienes tienen esta experiencia, que si tienen la posibilidad, exijan y pidan información sobre lo que ocurrirá con el bebé abortado. A nosotros nos angustia no haber preguntado en su momento, pero la verdad es que es muy difícil haberlo pensado en ese instante. Por otra parte, nos hubiera gustado mucho recibir consejería. En esos momentos era muy importante contar con alguien que nos reconfortara, que nos diera aliento, o al menos que nos escuchara y con el cual pudiéramos conversar de lo ocurrido. Era difícil para nosotros seguir la vida como si nada hubiese pasado, sin reconocer que sí había sucedido algo . . . ¡Habíamos perdido un bebé!

Mi esposo y yo nos apoyamos mutuamente, alejándonos por un tiempo de nuestras actividades regulares mientras nuestros corazones dolidos sanaban. No hay que olvidar que somos seres de carne y hueso . . . tenemos sentimientos y lágrimas que deben ser usados. Sentimos que la comunidad no tenga más empatía con los matrimonios que pasan por esta experiencia de perder un bebé . . . que aún no "había nacido".

Hoy tenemos tres hermosas hijas: Estrella, Mical y Ayelén. Estrella siempre cuenta a ese(a) hemanito(a) entre sus hermanas, comentando que no somos cinco sino mas bien seis en total. Algún día veremos y conoceremos a esa vida que no alcanzó a nacer.

Carta a Fermín o Minín

Mayra R. Bonilla

Amada criatura mía:

Ya ha pasado un año desde aquel día en que entré a la clínica contigo en mi vientre, pero salí sin ti en mis brazos. Qué extraña sensación para una madre embarazada, salir de la clínica sin su bebé en brazos. Quiero contarte cómo tu vida marcó las nuestras.

Tu papi Carlos y yo planificamos desde antes de casarnos tener dos hijos, un niño que llamaríamos Alberto Isaac y una niña que llamaríamos Carolina Rebeca. Papito Dios nos complació y en el término de diez años de matrimonio ya teníamos a tus hermanos mayores. Planificamos no tener más familia, aunque Alberto constantemente nos pedía, especialmente a mí, que quería tener otra criaturita más en la casa. Cuál no fue nuestra sorpresa cuando nos dimos cuenta que su oración había sido contestada.

Te concebimos en mayo, el mismo mes en que murió repentinamente mi primo Amílcar en Puerto Rico. Todavía no sabía que habías tomado posada en mi vientre. La muerte de Ami me sacudió mucho por lo repentino y porque no me fue posible viajar para su entierro. Sabes, somos parte de un núcleo familiar en el que tratamos de estar juntos en las buenas y en las malas.

En junio, en un fin de semana en que el papito —así le digo a tu papi Carlos— estaba fuera de la casa ofreciendo un taller, me hice la prueba casera de embarazo cuando me di cuenta que me había faltado la visita mensual. ¡No lo podía creer! Sentí una mezcla de emociones muy difíciles de manejar. Por un lado sentí emoción y felicidad porque sabía la gran felicidad que traería tu llegada a Albertito y a todos nosotros. Emoción por pensar que Amílcar se había ido, pero estabas llegando tú. Confusión porque haciendo cálculos era un milagro que estuvieras en mi vientre. Preocupación por cómo el papito tomaría la noticia. Sabía que su preferencia era que nuestra familia permaneciera del tamaño que teníamos. Consternación por pensar cómo criar a tres hijos y con la lactancia en tándem; tus hermanos siguen viniendo a mis mimos para saciar sus necesidades, cómo sería con los tres . . .

Cuando papito regresó de su compromiso y le di la noticia, le mostré la prueba casera. ¡Cuál no fue mi sorpresa cuando él me dijo que cuando él estuvo hospedándose en casa de una familia amiga que donde tenían tres hijos, había empezado a pensar que no sería tan malo que la nuestra aumentara en número! ¡Sentí un gran alivio! Ya no tendría que preocuparme por un posible rechazo de su parte.

Al día siguiente, fuimos a nuestro médico de familia para que me ordenara los exámenes correspondientes y me refiriera a un ginecólogo/obstetra de su confianza. Desde que llegamos a Chile no había tenido necesidad de conocer a ninguno, así que confié en su recomendación para escoger a quien atendería este embarazo y el parto. Todo dio positivo y fui a mi control con el ginecólogo una semana más tarde.

Qué dolor cuando el ginecólogo me hizo la ecografía y me dijo: "El tamaño de este bebé no concuerda con el tiempo de embarazo que debes tener. Algo anda mal". ¿Cómo podía ser? ¿Qué quería decir? ¿Qué podía estar mal? Aunque no planificamos tu llegada, la habíamos aceptado como un regalo de Dios a nuestras vidas. El doctor me dijo que tal vez por el hecho de estar amamantando en tándem, la fecha de ovulación podía haber sido más tarde de lo normal y por lo tanto tendrías menos tiempo de gestación. ¿Qué hacer?

Esta vez, a diferencia de las experiencias con Alberto y Carolina, tu papi no pudo estar conmigo al hablar con el doctor. Él estaba afuera con tus hermanos. Me sentí tan confundida. Volveríamos en una semana para hacer otra ecografía y ver si había algún cambio. Pero a la semana siguiente, nuevamente notaron que el tamaño no correspondía. ¡Qué dolor tan grande, qué incertidumbre, qué confusión, qué frustración, qué rabia!

En esas dos semanas, y en la que siguió, hablamos con muchas personas que nos decían que tal vez era un embarazo retenido, que esto era algo muy común, y que no me preocupara. Otros oraban por ti y por nosotros y porque la voluntad de Papito Dios se cumpliera. Nos tocaba regresar en una semana más, esta vez sería la definitiva.

Regresamos a esa tercera ecografía pero esta vez tu papi estaba conmigo. Nos tocó esperar mucho en la sala de espera y yo miraba a las mamás barrigonas, ya a punto de dar a luz y me preguntaba si llegaríamos a esa etapa juntos. Me aterraba pensar que no fuera así. Había conocido amigas que habían perdido sus bebés durante el embarazo y tu abuelita Hilda había perdido a dos de mis hermanitos entre el segundo de mis hermanos y yo. Pedro Juan, Roberto y yo hubiéramos tenido otros dos hermanitos; o tal vez no hubiera nacido si alguno de esos dos bebés hubiera vivido.

Ese viernes, nos acompañaron tres amigas para estar con los niños mientras tu papi y yo estábamos con el doctor. Hicieron la tercera ecografía y los resultados eran los mismos, tu cuerpo estaba dentro de mí pero tú ya no estabas. Por alguna razón difícil de entender, me habías abandonado hacía varias semanas y mi cuerpo se resistía a expulsarte en forma natural. El doctor nos habló de alteraciones cromosomáticas que no siempre se hacen correctamente y, al haber tantos problemas, el proceso de crecimiento se detiene. Para mí, moriste en mi vientre, en algún momento, por alguna razón que algún día entenderé.

Esa noche, al llegar al departamento, saqué de mi armario un libro que había comprado para mi biblioteca, sólo como una referencia, que nunca pensé tendría que usar personalmente. A estas amigas de quien te hablé, fue a quienes primero les compré el libro cuando ellas perdieron sus bebés durante el embarazo y al comprarlo para una de ellas, decidí comprarme uno también para tenerlo en mi biblioteca. Era *Our Stories of Miscarriage*.

Desde esa misma noche comencé a leer el libro. A la mañana siguiente regresaríamos a la clínica para el procedimiento de dilatación y curetaje, D&C. Sería bajo anestesia general por lo que no sentiría nada de lo que me iban a hacer. No tendría dolor físico; pero esto no me eximió del dolor emocional.

Lloré mucho esa noche. Cuando finalmente tuve que aceptar que no estabas dentro de mí, sólo quedaba tu cascaroncito. No podría verte crecer, no podrías saciar tus necesidades en mis mimos, no podrías ser la compañía adicional que Albertito deseaba, no podrías ser.

A la mañana siguiente nos fuimos muy temprano a la clínica. Nos acompañó nuestra pastora para estar con los niños, en caso de que tu papi estuviera conmigo. No llevé mucho a la clínica, pero sí me llevé mi libro. Leí y lloré con todas las historias de estas mujeres y estos hombres que habían pasado por lo mismo que yo estaba pasando. Lloré por tristeza con aquéllos que se hacen insensibles a nuestra realidad y despachan nuestros sentimientos con comentarios como: ". . . es mejor ahora que más tarde . . ." Aunque no lo supiera, eras nuestro hijo desde que te concebimos y desde que lo supimos te aceptamos y te amamos. ". . . tal vez venía con algún problema . . ." ¿Y qué si venías con problemas? Recordé a nuestros amigos en Israel que no habiendo tenido hijos biológicos, optaron por adoptar y amar a cuatro niños con discapacidades físicas. ". . . tal vez no estaba dentro de los planes de Dios . . ." ¿Y si no lo estabas, cómo permitió tu concepción? Y el anestesiólogo me insistió que haría todo lo posible para que no sintiera ningún dolor . . .

Pero el dolor lo llevaba ya por dentro. Un sentido de impotencia de conservar tu vida dentro de la mía, de no saber si serías niño o niña, Fermín o Minín, qué llegarías a ser en la vida, cuánta alegría nos ibas a conceder, cuánto amor te podríamos dar.

El procedimiento fue rápido y aunque había pedido verte, el doctor envió tu cascaroncito al laboratorio de inmediato y no te pude decir adiós. Tal vez para él eras "productos de concepción" o "tejidos con sangre", pero para mí eras mi criaturita amada y quería despedirme de ti y no pude. Al salir de la clínica no pude llevarte en brazos. Alberto caminaba a mi lado, tomando mi mano, y llevé a tu hermana Carolina en mis piernas. Ella me acompañó en la "ambulancia" que preparamos en la parte de atrás de la camioneta. Allí nos acostamos y ella comenzó a saciar su mamitis en mis mimitos, como tú lo hubieras hecho si hubieras nacido. Acostada en la camioneta, miraba al firmamento tratando de encontrarte en una nube en el cielo. No te vi, pero estoy segura que estás allí.

Regresamos al departamento y continué leyendo el libro. Lo terminé en una semana. Me bebí sus historias y di gracias a Dios por haberlo tenido a la mano.

Este ha sido un año intenso para nosotros y la verdad es que he pensado mucho en ti. Te extraño mucho y siempre te incluyo cuando hablo de mis hijos. Llorar por tu ausencia se me dificulta. No sé si será porque no me doy el tiempo para hacerlo, o por la confianza de que estás bien, cerca de Papito Dios y en compañía de abuelos y abuelas, tíos y tías (incluyendo a mi tía Gladys quien murió en noviembre del mismo año), primos (como Amílcar) y primas, tu tío Hernán, hermano de tu papi y mi hermano Pedro Juan, y los otros dos que no conocimos. Amílcar, tú y titi Gladys: tres muertes familiares en un mismo año . . .

Creo que en donde estás no puedes saber cómo estamos acá. También creo que donde estás, estás tan perfectamente como Papito Dios quiso que fueras desde el principio y que no importa lo que haya troncado tu vida o la discapacidad que hubieras tenido, donde estás vives en perfección y a plenitud.

Domingo, 7 de julio de 2002

Hace un año que extrajeron de mi vientre "los productos de concepción" que eras tú. Así lee el informe del estudio citogenético que indica el por qué no pudiste vivir más. Hoy estuvimos jugando con la nieve, blanca y suave. El sol brillaba como nunca y el atardecer fue hermoso. Pensé en ti y en lo hermosa que debe ser tu vida en tu hogar celestial.

Eres un hermoso regalo de Dios para nuestras vidas que llegó con mucha sutileza en el momento menos esperado y se fue con mucha sutileza en el momento menos esperado. Aunque tu vida terminó muy temprano, tu propósito continúa. Has dado razón para la traducción de un libro, has provisto tema de conversación con muchas mujeres que de otra forma no hablarían de sus propias pérdidas, has ayudado a enfatizar la validez de la vida desde la concepción y que no importa en qué momento es la pérdida de un hijo o una hija —al principio, la mitad o el final del embarazo, en los primeros días postparto o en otras etapas de la vida del ser humano— siempre es doloroso y se debe reconocer como una muerte, pues esa es la realidad.

Fermín o Minín, hijo o hija, mi amada criaturita, te amo mucho y le doy gracias a Dios por las semanas que me permitió darte el calor de mi vientre. Gracias por lo que a través de tu llegada y tu partida he podido aprender de la vida y la muerte. Gracias por ser una criatura especial, única e irremplazable. Gracias por la fe que se reafirma con una renovada confianza en mi maravilloso Padre Celestial.

Hemos podido sobrellevar este año por la lectura inicial del libro. El amor de las madres en los grupos de apoyo a la lactancia materna en los cuales participo y dirijo, han comprendido mi dolor, y personas de la familia de la fe, nos han dado gran apoyo en la oración. Sobre todo hemos podido sobrellevar este año por nuestra fe en el Creador que te dio la vida y que la volvió a tomar para sí.

Guardo las fotos de tus ecografías, el calendario de embarazo que te preparé, el folleto que me dio el doctor, el pañito que me dieron en la clínica y los resultados de citogenética. También guardo la esperanza de conocerte, verte cara a cara, abrazarte y besarte cuando llegue a la eternidad al lugar donde estás. Esa es la promesa que he recibido y sé que así será.

Mientras tanto, seguiré amándote y seguirás siendo parte importante de nuestra familia. No sé si más adelante tu papi y yo optemos por añadir más miembros a la familia. Aunque así fuera, nadie te sustituirá; ocupas un lugar muy especial en nuestras vidas y nuestros corazones, especialmente en el de ésta, tu mami, quien te amará y extrañará mientras tenga un álito de vida. Nos vemos en la eternidad . . .

Con amor, Tu mamita

Sobre los contribuyentes

Susan J. Berkson es escritora y reportera comentarista. Sus columnas aparecen en el *Minneapolis Star Tribune* y *Minnesota Women's Press*. Ella escribe con frecuencia sobre política y género. Tiene estudios del Colegio Macalester y la Universidad de Minnesota. Su trabajo ha aparecido en varios periódicos y revistas, así como en la radio y televisión pública.

Karen Chakoian es ministra en la Iglesia Presbiteriana Central en Des Moines, Iowa, donde vive con su esposo y su hijo Benjamín. Nació en Illinois pero ha vivido en Des Moines por más de una década. Ella disfruta de la lectura, la jardinería y pasar tiempo con sus familiares y amigos. Su ensayo es una adaptación de un sermón que escribió.

Faye Ann Chappell es una maestra sustituta y tutora de Pittsboro, Indiana. Le agrada la lectura, escribir, la decoración del hogar y las actividades al aire libre. Ella y su esposo participan en actividades en su iglesia y en la escuela local. Tienen una hija llamada Alicia.

Deborah L. Cooper es madre de dos hijos, Evan y Tess. Tess nació varios años después de que Deborah escribiera sobre su pérdida en su diario. Debora nació y se crió en una finca en la zona norte-central de Iowa. Su pasión y su modo de combatir el estrés es cultivar flores en su propiedad. Su hijo de siete años la llama la "madre jardinera".

Betty Davids vive en el centro de Buffalo, Iowa, con su esposo, John III. Tienen cuatro hijos: Jill, Heather, Courtney y John IV. Betty atiende una tienda de antigüedades y artículos de colección y es la reportera para la radio 107.3 KIOW. Sus reportes son escuchados en la emisora todas las mañanas. Disfruta de la lectura y la música.

Amy Desherlia vive en Cottage Hills, Illinois, y es asistente de maestra en Toddle Towne Learning Center. Disfruta su tiempo con su novio, Jeff, y su familia, incluyendo su sobrina y sobrino.

Altha Edgren trabaja como escritora médica y juega a poeta y novelista. Vive cerca de St. Croix River Valley, en Minnesota, con sus dos hijos, Kira y Kyle, dos gatos y dos marmotas.

Deborah Edwards es una nutricionista para los residentes en hogares de ancianos y niños con necesidades especiales. Durante el año académico 1994-95, Deborah y su esposo trabajaron como co-directores de un programa de estudios en el extranjero en Nottingham, Inglaterra, del Colegio Luther. Aunque ella ha hecho publicaciones a nivel profesional, éste es el primer ensayo personal que publica. Ella disfruta el aire libre, viajar, realizar trabajos voluntarios y compartir su tiempo libre con familiares y amigos.

Sarah Entenmann y su esposo residen en el área rural de Northfield, al Sur de Minnesota, donde siembra petunias, cebollinos y diente de león. Ellos tienen dos hijos, Leah y Davod. Sara es la directora de promoción de la emisora 89.3 WCAL, la radio de servicio público del Colegio St. Olaf. El escribir le da voz a algunas de sus emociones más profundas; ella desearía tener más tiempo para hacerlo.

Donna S. Frary tiene un grado de maestría en educación contínua de adultos. Recientemente cambió de carrera de directora de hospedaje universitaria a coordinadora de una oficina legislativa de ayuda para un representante del estado de Illinois. Ella disfruta de vivir en una casa tranquila después de haber vivido en un dormitorio de la universidad durante siete años. Donna disfruta la lectura, la jardinería, correr en bicicleta y escuchar música en su tiempo libre.

Susan Geise nació en West Virginia. Es trabajadora social y estea a cargo el Programa de Manejo del Dolor para el Hospital de Rehabilitación del Buen Pastor en Allentown, Pennsylvania. Susan tiene una práctica privada de consejería con Bell Labs. Ella y su esposo Russell, tienen dos niños, Natalie y Audrey. Ella disfruta bailar jazz, la jardinería y estar en contacto con familiares y amigos.

Shelley Getten nació en Minnesota y reside cerca de Minneapolis con su esposo Brien, y sus hijos Devin y Brighid. Parte de su tiempo trabaja como camarera de banquetes, pero su trabajo primordial es criar a sus hijos para que sean adultos amorosos y serviciales. Pertenece a varios grupos de escritores y sus trabajos han sido publicados recientemente en varias revistas y antologías.

Lisa A. Harlan trabaja para tener un grado interdisciplinario en humanidades, comunicaciones y administración. Es compradora para las Industrias Warn en Milwaukie, Oregon. En su tiempo libre disfruta de la repostería, leer novelas, escribir y remodelar su casa. Ella es madre de una hija, Kelsey.

Mary Lynn Hill vive en Des Moines, Iowa, y ha sido una enfermera clínica que trabajó con pacientes de cáncer durante quince años. Madre de dos hijos, está miembro activa en grupos de protección ambiental y en la Sociedad Americana del Cáncer. Disfruta de acampar, del ciclismo y viajar.

Stuart Johnston vive en Decorah, Iowa, y ha trabajado durante una década en la Oficina de Vida Estudiantil del Colegio Luther. Él y su esposa Carol tienen una hija, Katie. Le gusta correr, el ciclismo, andar en la nieve con raquetas, esquiar campo traviesa y leer.

Dianne H. Kobberdahl nació en Iowa. Trabaja como terapista ocupacional en el Sistema de Salud de Iowa en Des Moines, Iowa. Tiene una maestría de la Universidad Rush. Sus intereses incluyen escribir independientemente, caminar, temas de salud y música. Dianne y su esposo Steve tienen un hijo, Jacob.

Angela La Fisca nació en Shreveport, Louisiana. Angela y su esposo recientemente construyeron una casa de troncos. Después de tres abortos, nació Elizabeth Nicole el 14 de febrero de 1996. Angela trabaja como secretaria, le gusta cantar y es muy activa en su iglesia.

Jay Lake nació y se crió fuera de los Estados Unidos. Ahora habla nacionalmente sobre mercadeo de internet, crea e implementa estrategias de comunicación y mercadeo, escribe ciencia-ficción y desarrolla programas de computación. Él y su esposa Susan viven, todavía sin hijos, en una vieja casa en Austin, Texas.

Beth Lamsam trabaja y vive en Des Moines, Iowa. Ella y su esposo, Jesse, tienen dos hijos, Amelia y Joseph.

Kathy Law vive en el campo cerca de Churdan, Iowa. Ella y su esposo, Dave son agricultores y operan un negocio de artesanías. Tienen un hijo, Jonathan. Kathy disfruta de hacer manualidades, dar clases de escuela dominical en su iglesia y ser una líder scout.

LaDawna Lawton es de Lemoore, California, y ha sido voluntaria durante más de cuatro años en Compartiendo Padres (un grupo de apoyo para padres cuyos bebés han muerto). La familia es la prioridad número uno para LaDawna y su esposo Steve. LaDawna está en casa con sus hijos Katilen y Brian, quien nació varios meses después que ella escribiera su ensayo.

Natalie Magruder terminó recientemente sus estudios de enfermería y está trabajando como enfermera registrada en un centro de donación de plasma. Varios meses antes de completar su grado, ella y su esposo celebraron el nacimiento de Chase Michael.

Karen Martin-Schramm es asistente administrativa del Presidente del Colegio Luther en Decorah, Iowa. Ella y su esposo Jim tienen dos hijos, Joel y Joshua.

Freda Curchack Marver escribe y dirige talleres sobre sueño, pérdidas y sanación. Ella está escribiendo un libro sobre un interesante tema: ¿Qué pasa con la fe cuando las oraciones no se hacen realidad? Vive en Minneapolis, Minnesota con su esposo, su hija y su perro. Disfruta la compañía de sus amigos amigos, el baile, los crucigramas y la exquisita comida de restaurantes que ella no se atrevería a preparar.

Jon Masson es graduado y tiene una maestría en periodismo de la Universidad Drake. Es reportero deportivo de *La Crosse Tribune*. Anteriormente trabajó como periodista de *The Phoenix Gazzette* y *Colorado Springs Sun*. Jon y su esposa, Patrice, viven en Onalaska, Wisconsin.

Jan Mathew vive en Lafayette, Indiana, con su esposo, hija e hijo. Trabaja como editora gerencial de *Lafayette Leader*, un periódico comunitario semanal. Ella disfruta de leer, correr y preparar proyectos para su trabajo como escritora independiente.

Deborah McCleary y su esposo, David, viven en Allentown, Pennsylvania con sus dos hijos, Christopher y Trevor. Deborah terminó su carrera como contadora pública certificada cuando empezó el reposo en cama a causa del embarazo de su primer hijo vivo, Christopher. Ella participa en actividades de su iglesia y disfruta la natación, el encaje punto de aguja, y la lectura.

Jorie Miller tiene un grado de maestría en escritura creativa de la Universidad de Minnesota. Ella ha publicado poesía en varias revistas, incluyendo *Mothering, North Coast Review* y *Rag Mag*. Ha estado escribiendo y enseñando en Minnesota durante los últimos diez años. En la actualidad vive en Bélgica con su esposo y sus dos hijos pequeños.

Jean Streufert Patrick vive cerca de Mitchell, Dakota del Sur, donde cría a sus tres hijos y trabaja en la clínica veterinaria de su esposo. Mientras su familia duerme, ella trabaja como escritora independiente y crítica de libros.

Sherri Rickabaugh nació en Iowa y vive en Carlisle, Iowa. Ha trabajado como enfermera y actualmente en investigaciones clínicas de cáncer. Sherri es voluntaria de la Sociedad Americana del Cáncer y hace poco empezó a asistir de voluntaria al zoológico local. Sus pasatiempos incluyen la jardinería de hierbas y también tejer canastas.

Terry Schock es una trabajadora social de su condado y ha vivido en Des Moines, Iowa, toda su vida. Sus intereses profesionales incluyen ser defensora de los niños. Ella y su esposo, Bob, disfrutan de viajar al extrabjero. No pierden la esperanza de viajar a Egipto en el futuro. También es miembro de un grupo de baile. Terry y su esposo tienen un hijo, Mike.

Emily Martha Schultz, Psicóloga, vive en Natick, Massachusetts, con su esposo, hijo e hija. Su hija nació nueve meses después de completar su ensayo. Ella tiene su práctica psicoterapéutica y realiza evaluaciones psicológicas para las cortes.

Carla Sofka es profesora de la Escuela de Bienestar Social, en la Universidad de Albany. Aunque su trabajo clínico e investigación se concentra en aflicción y pérdida, ella informa que su tragedia ha sido la experiencia de aprendizaje más profunda. Desde que se mudó de Illinois a Nueva York, disfruta explorando el área con su esposo, Mike, y su perro.

Cindy Steines y su esposo, Merl, están a cargo de una granja orgánica para producir leche de cabra ubicada en la zona rural de Decorah, Iowa. Ella disfruta de la jardinería y la música. Este es su primer ensayo publicado.

Dylan Ann Treall y su esposo, Les, viven en una comunidad cohabitacional de apoyo en Seattle, Washington. Antes del nacimiento de su hija en diciembre de 1995, Dylan comenzó a aprender el arte de sanación a través del trabajo energético. Su área de interés es el proceso de parto. Está estudiando para obtener un grado en Psicología Prenatal y Perinatal, y espera servir como una persona de apoyo en el parto.

Deborah Vaughan es maestra de Inglés en la Escuela Superior de Washington en Vinton, Iowa. Su segundo trabajo es en la casa donde cuida a Milton, su esposo de casi veinte años, y a Dylan Thomas, su hijito. Disfruta leyéndole a Dylan y deleitándose con su imaginación siempre en desarrollo. En su tiempo libre lee y escribe para su propio deleite.

Ann Walters y su esposo, Mike, viven y trabajan en Decorah, Iowa. Ella disfruta mucho de la lectura, la jardinería, cocinar y cuidar sus dos perros. Sus trabajos escritos han sido publicados en *The New Oneota Review*.

Lori Watts vive en Lawton, Iowa, con su esposo Scott, y sus dos hijos Amy y Adam. Lori ha sido enfermera pero ha elegido quedarse ahora en casa con los niños. Es voluntaria en el grupo de apoyo HEARTS cada vez que puede.

Kelly Winters es originaria del estado de Wisconsin y vive y escribe ahora desde Carolina del Norte. Le fascina viajar, acampar y hacer caminatas con su mochila al hombro.

Robin Worgan es de Philadelphia y se mudó recientemente a Pittsburgh con su esposo Glenn y su hija Elizabeth. Ella es madre de tiempo completo. Le gusta leer, esquiar, practicar yoga y escribir tarde en la noche. Los trozos del diario de Robin son su primera pieza publicada.

Y desde el rincón iberoamericano

Nidia Alvarado Alegría es oriunda de Cerro Verde, Chile, donde vive con su esposo Isaac y sus hijas Estrella, Mical y Ayelén. Nidia se dedica a su hogar y a sus hijas mientras completa sus estudios teológicos. Es muy activa en su iglesia y en su comunidad. El ensayo sobre la pérdida de su bebé es su primera publicación.

Anita Argüello de Aguirre sigue viviendo en su natal Quito, Ecuador, con su esposo Boris y sus hijos Manuel Agustín, Carlos Sebastián y Paula Sofía. Anita es bióloga y dedica parte de su tiempo al ecoturismo, el arte y a la artesanía que promueve la Fundación Amaru, pero su prioridad está en su hogar y sus hijos. Le gusta decorar su casa, leer y nadar. Escribir acerca de su pérdida de Emilio Joaquín fue una buena terapia para Anita.

Barbara Bolick nació en Texas, Estados Unidos, y en la actualidad vive en Temuco, Chile, con su esposo Carl Dwight y su hijo Jackson Payne. Barb estudió ciencias políticas con un énfasis en relaciones internacionales que ha puesto en práctica en sus experiencias en Costa Rica y Chile. Trabajar en el jardín, estudiar, dibujar y pintar son actividades que disfruta en sus momentos libres junto con su hijo Jack, a quien le dedica la mayor parte de su tiempo.

Frances R. Ferrand es puertorriqueña y vive en Gainesville, Florida, Estados Unidos, con su esposo Yernly Josué y su hija Isabel Rebeca. Graduada con un título en Administración de Empresas, Frances dedica su tiempo completo a su hija y le prepara sus álbumes con fotos y anotaciones de los eventos importantes de su vida. Éste es su primer ensayo publicado.

Artemis Aida Garris es mexicana y vive en Hallandale Beach, Florida, Estados Unidos, con su esposo Bob y sus hijos Isaac Alexander y Jonathan Henry. Siendo administradora de empresas, se dedica a administrar su mejor empresa —su hogar y sus hijos—. Artemis Aida disfruta mucho la lectura y entre sus pasatiempos favoritos se encuentran la costura y la creación artística de manualidades. También dedica parte de su tiempo a un grupo femenil de estudio bíblico semanal.

Viviana E. Lorenzo vive con su esposo Enrique y sus hijas Sofía y Julieta en su natal Córdoba, Argentina. Licenciada en nutrición, Viviana se dedica a su hogar, sus hijas y al voluntariado en su provincia. La pérdida de Lara ha sido muy significativa en su vida y la de su familia.

Pili Peña Vázquez es de Asunción, Paraguay. Allí reside con su esposo Oscar y sus hijos Ale, Elena, Lucas, Laura y Leila. Pili es arquitecta y paisajista de profesión. Enseña sobre parto humanizado y lactancia materna en la Escuela de Obstetricia de la Universidad Nacional. Es voluntaria en la escuela de sus hijos y está escribiendo un libro sobre lactancia materna para madres jóvenes y adolescentes. A Pili le encanta leer novelas y cuentos de escritores vanguardistas; le gusta la jardinería, la cocina vegetariana y caminar para despejar la mente. Ocasionalmente escribe artículos para Leaven, una revista para Líderes de La Liga de la Leche Internacional.

Sandra Ramírez Zarzuela es oriunda de Jerez de la Frontera, Cádiz y actualmente vive en Madrid, España. Comparte su profesión de licenciada en Filología Hispánica con su esposo Agustín a quien conoció durante sus estudios. Sandra disfruta de la lectura, la novela hispanoamericana actual, los clásicos y la filosofía. Ha escrito un libro de investigación del tratamiento de las hadas en distintas cultura. *Cuando perdí a mi bebé* es su primer ensayo personal publicado.

Aida Isabel Rodríguez nació y vive en San Juan, Puerto Rico, con su esposo Abdiel Arturo y sus hijos Alexia Zoé, Abdiel Airam y Ámbar Zahíra. Doctora en Artes con concentración en Psicología Social comunitaria, se dedica al voluntariado y a ser madre a tiempo completo. Sus prioridades la centran en su familia, la iglesia y las mamás que desean amamantar como un método de crianza. Aurora Isabel fue una bebé deseada y sigue siendo amada por su familia.

Estela L. Schweissing nació en La Romana, República Dominicana, de padres haitianos. Casada con Dan, estadounidense, viven en Nassau, Bahamas. Estela tiene un grado de Educación Primaria que emplea como parte de su trabajo comunitario. Aficionada de la cocina, Estela tiene interés en seguir estudiando a otros niveles. Estela y Dan desean algún día ser padres.

Silvia Viale vive en su natal Argentina con su esposo Norberto, sus hijos adultos Manuel y Virginia y su querido foxterrier Enzo. Ha dedicado gran parte de su vida al voluntariado a través de La Liga de la Leche donde ha ayudado a muchas mamás en su experiencia de amamantar y a aquéllas que han vivido experiencias de pérdida similares a la suya.

Sobre las autoras y la traductora

Rachel Faldet es instructora de inglés en Luther College en Decorah, Iowa, donde enseña clases de escritura a estudiantes del primer año de estudios. Tiene una maestría en escritura expositiva de la Universidad de Iowa. Es escritora y editora independiente; algunos de sus ensayos han aparecido en *Iowa Woman* y *Wapsipinicon Almanac*. Hace poco editó *The Provocative Professor: The Billy Sihler Stories*, que fue publicado por Luther College. Rachel y su esposo, David, tienen dos hijas, Elizabeth y Pearl. Ahora que este edredón de palabras, *Cuando el embarazo termina en pérdida*, ha salido del lugar de trabajo del segundo piso, Rachel está trabajando en un edredón de algodón para cada una de sus hijas. Ella ha tenido dos abortos espontáneos.

Karen Fitton vive en una casa centenaria en Decorah, Iowa, con su esposo, Robert, y sus dos hijos, Reed y Jenna. Tiene un título en Ciencias Biológicas de Western Illinois University. Karen ha mantenido un diario por veinticinco años y escribe poesía. Fuera de ayudar a Robert con renovaciones a la casa, ella disfruta de su familia, cuatro gatos, sus diseños de tela usando antiguas técnicas japonesas, su negocio de costura y trabajo voluntario. Karen perdió un bebé antes del nacimiento de su hijo, Reed.

Mayra Bonilla nació en Puerto Rico y actualmente vive en Chile. Tiene un título en Ciencias Secretariales de la Universidad de Puerto Rico y una maestría de Artes en Estudios Teológicos del Seminario Teológico Bautista del Este, en Pennsylvania. Mayra vive con su esposo, Carlos, y sus dos hijos, Alberto y Carolina. Mayra es Líder acreditada de La Liga de la Leche y profesora en el Instituto Teológico Bautista en Chillán. Es escritora y traductora, y trabaja con su esposo como editores independientes. Disfruta de los viajes, la lectura, escuxhar música y aprender a tejer. Este es su primer ensayo personal publicado. Mayra perdió una bebé poco antes del segundo cumpleaños de Carolina.